"

토저의 글을 읽을 때는
마치 사막에서 오아시스를 만난 기분이다.
제임스 패커

토저의 글은 거침없다.
그는 온갖 종류의 영적 허세를 낱낱이 발가벗긴다.
찰스 콜슨

토저의 책을 읽는 것은
하나님의 마음을 향해 가는 경이로운 여행이다.
찰스 스탠리

본질을 잃고 껍데기만 남아 가는 기독교에
토저는 하나님의 사람들을 불러 세우는 글을 남겼다.
제임스 몽고메리 보이스

"

하나님을 추구함

The Pursuit of God
by A. W. Tozer

Copyright © 1948, 1982, 1993, 2006 by The Moody Bible Institute of Chicago.
This book was first published in the United States by Moody Publishers,
820 N. LaSalle Blvd., Chicago, IL 60610 with the title *The Pursuit of God*.
All rights reserved.

Korean edition © 1980, 1997, 2006, 2025 by Word of Life Press, Seoul, Korea.
Translated and published by permission.

하나님을 추구함(뉴에디션)

© 생명의말씀사 1980, 1997, 2006, 2025

1980년 3월 20일 1판 1쇄 발행
1996년 3월 25일   5쇄 발행
1997년 7월 25일 2판 1쇄 발행
2005년 3월 10일   14쇄 발행
2006년 2월 20일 3판 1쇄 발행
2024년 1월 16일   21쇄 발행
2025년 12월 17일 4판 1쇄 발행 (뉴에디션)

펴낸이 | 김창영
펴낸곳 | 생명의말씀사

등록 | 1962. 1. 10. No.300-1962-1
주소 | 서울시 종로구 경희궁1길 6 (03176)
전화 | 02)738-6555(본사) · 02)3159-7979(영업)
팩스 | 02)739-3824(본사) · 080-022-8585(영업)

기획편집 | 서보경, 유영란
디자인 | 김혜진
인쇄 | 영진문원
제본 | 보경문화사

ISBN 978-89-04-16941-2 (04230)
ISBN 978-89-04-70122-3 (세트)

저작권자의 허락 없이 이 책의 일부 또는 전체를
무단 복제, 전재, 발췌하면 저작권법에 의해 처벌을 받습니다.

토저 대표작 뉴에디션

하나님을 추구함

하나님을 향한
거룩한 갈망에 대하여

추천사

여기 하나님의 뜻을, 죄인을 위한 그분의 깊은 사랑을, 범접할 수 없는 그분의 높은 위엄을 조금이라도 더 이해해 보려는 갈급한 심령을 가진 사람이 하나님을 추구하는 삶을 완벽하게 연구해 놓은 것이 있다. 바로 시카고의 한 목사가 저술한 이 책이다. 다윗이 사우스 할스테드 스트리트(South Halsted Street)에서 시편 23편을 썼으리라고, 중세의 어느 경건주의자가 목조 가옥 2층의 작은 서재에서 영감을 얻었으리라고 누가 감히 상상할 수 있겠는가?

복잡한 삶들이 엇갈리는 곳에서
종족과 씨족의 아우성이 들리는 곳에서
비참함과 빈곤함의 소굴에서
두려움으로 검게 그늘진 문간에서
탐욕의 유혹이 숨겨진 거리에서

프랭크 메이슨 노스(Frank Mason North) 박사가 자신의 시에서 말한 것처럼, 에이든 토저는 이 책에서 다음과 같이 말한다.

> 이기적인 분투의 소란 속에서도
> 우리는 당신의 음성을 듣습니다.

토저와의 친분은 내가 그의 교회를 몇 번 방문하여 사랑의 교제를 나누며 시작됐다. 나는 그곳에서 방대한 양의 신학 서적과 경건 서적을 소장한 장서가이자, 그 많은 책을 읽으며 독학한 학자의 모습을 볼 수 있었다. 그는 하나님을 향한 추구로 한밤중에 불을 밝히는 사람이었다.

그의 저서는 수많은 묵상과 기도의 결과물로 오직 하나님을 갈급해하는 영혼에 관해 다루고 있다. "주의 영광을 내게 보이소서"(출 33:18)라고 한 모세의 기도나 "깊도다 하나님의 지혜와 지식의 풍성함이여"(롬 11:33)라고 한 바울의 감탄으로 그의 책들을 요약할 수 있다. 즉 머리의 신학이 아닌 마음의 신학인 것이다.

특히 이 책에는 저자의 깊은 통찰력, 온건함, 신선한 사고방식이 주는 융통성이 있다. 저자는 거의 인용을 하지 않으나, 세기의 성인인 아우구스티누스(Augustine), 니콜라우스 쿠사누스(Nicholaus Cusanus), 토마스 아 켐피스(Thomas à Kempis), 폰 휘겔(von Hügel), 피니(Finney), 웨슬리(Wesley) 같은 사람들을 언급한다.

10개의 장은 마음을 깊이 살피게 하며 각 장 끝의 기도문은 골방에서 기도하도록 쓰였다. 이 책은 모든 목사, 선교사, 헌신하는 그리스도인을 위한 것으로 하나님의 심오하심과 은혜의 풍성함을 다루고 있다. 무엇보다도 이 책은 하나님을 추구하는 진지한 열정과 겸손을 보여 준다.

_ **사무엘 M. 즈웨머**(Samuel M. Zwemer)
미국, 1867-1952. 이슬람권 선교에 대표적인 발자취를 남긴 학자이자 선교사

서문

　어둠이 뒤덮은 오늘날에도 한 줄기 고무적인 빛이 보인다. 그것은 보수적인 기독교의 울타리 안에서 하나님 한 분만을 향한 갈망을 키우는 사람들이 늘고 있다는 사실이다. 이들은 말만으로 만족하지 않으며, 진리를 올바르게 해석해 주는 것만으로 만족하지도 않는다. 이들은 하나님에 대한 갈증을 가지고 있으며 생수의 샘에서 물을 마시기까지는 만족하지 않을 것이다.

　기독교의 지평선에서 감지되는 이 현상은 부흥의 유일한 전조이다. 마치 손바닥만 한 구름처럼 보일지라도 이것은 많은 영혼의 생명을 부활시키고, 오늘날 교회에서 사라져 버린 빛나는 경이감을 회복시킬 수 있다.

　현세대의 종교 지도자들은 이러한 갈망을 보아야만 한다. 오늘날의 복음주의는 제단을 쌓고 제물을 각 떠 놓았으나, 갈멜산에 내렸던 불과 같은 표적이 없다는 현실에는 관심을 두지 않는다. 그러나 감사하게도 이 현실에 관심을 두는 몇몇 사람이 있다. 그들은 제단을 사랑하고 제물 드리는 것을 기뻐하지만, 계속적인 불길이 없는 상태에 만족하지 못하는 사람들이다. 그들은 거룩한 선지자들이 글로 쓰고 시편 기자들이 노래한 '뼈에 사무치는 듯한 그리스도의 사랑'을 맛보기 원하는 사람들이다.

기독교의 교리와 원칙을 올바르게 제시할 교사들은 오늘날에도 충분히 있다. 하지만 너무 많은 이가 그들의 사역에 하나님의 임재가 나타나지 않고 그들의 일상에 어떤 기이한 일도 일어나지 않는다는 사실을 깨닫지 못한 채, 믿음의 기초적인 것들을 알려 주며 만족한다. 그들은 끊임없이 가르치고 있으나 성도들은 그 가르침만으로 만족할 수 없는 갈망이 마음속에서 타오르는 것을 느낀다.

나는 지금 사랑하는 마음으로 우리 강단에 실재하는 결핍을 이야기하고 있다. "굶주린 양들이 먹이를 찾고 있으나 먹을 것이 없다"라고 한 밀턴(Milton)의 말은, 그의 시대뿐 아니라 우리 시대에도 동일하게 적용된다. 이는 심각한 일이다. 하나님의 자녀들이 아버지의 식탁에 앉아 있으면서도 굶주린다는 것은 결코 작은 일이 아니다.

다음과 같은 웨슬리의 말이 우리 눈앞에서 참으로 드러난다. "정설 또는 옳은 견해가 종교에서 차지하는 부분은 아주 작다. 옳은 감정은 옳은 견해를 바탕으로 형성되지만, 옳은 견해는 옳은 감정 없이도 형성될 수 있다. 다시 말해 하나님에 대한 사랑이나 옳은 감정 없이도 하나님에 대한 옳은 견해를 가질 수 있는 것이다. 바로 사탄이 이 사실을 입증한다."

훌륭한 성서공회들과 기관들이 성경 말씀을 널리 유포한 덕분에, 오늘날 수많은 사람이 '옳은 견해'를 가지고 있다. 아마 교회사를 볼 때 지나온 어느 시대보다 많은 수일 것이다. 그러나 이전에도 진정한 영적 예배가 지금과 같이 얕은 썰물처럼 쇠퇴한 적이 있었는지는 의아스럽다. 교회의 많은 부분에서 '예배의 기술'(art of worship)은 완전히 사라지고, 그 자리에 '프로그램'이라고 불리는 이상하고 낯선 것이 들어왔다. 이 단어는 본래 무대 공연에 사용되던 말이었으나, 슬프게도 이제는 예배로 간주되는 공중 종교의식 형태에도 사용되고 있다.

건전한 성경 해설은 살아 계신 하나님의 교회에 절대적으로 필요하다. 이것이 부재한 교회는 엄격한 의미에서 신약의 교회가 될 수 없다. 그리고 어떤 해설은 영혼에 진정한 양식을 주지 못할 수 있다. 영혼에 영양을 공급하는 것은 단순한 말이 아니라 하나님 자신이시기 때문이다.

말씀을 들은 사람이 개인적인 경험으로 하나님을 발견하지 못한다면, 진리를 들었어도 좀 더 낫다고 할 수 없다. 성경은 그 자체로 끝이 아니라 말씀을 통해 하나님을 친밀하게 알도록 한다. 그리하여 사람들은 마음 깊은 곳에서 하나님의 아름다움을 맛보고 그분의 임재 안에서 즐거움을 누리게 된다.

나는 갈급한 심령을 가진 하나님의 자녀들이 그분을 발견하는 데 도움을 주려는 겸손한 마음으로 이 책을 썼다. 가장 아름답고 즐거운 영적 실재를 전심으로 발견하려 들지 않는다면 이 책의 내용은 당신에게 조금도 새롭지 않을 것이다. 나보다 앞서 이 성스러운 신비에 들어간 사람들이 많다. 나의 불꽃은 크지 않더라도 분명한 실재이며, 이 불로 자신의 촛불을 밝힐 사람도 있으리라 기대한다.

_ 에이든 토저

CONTENTS

추천사 5
서문 9

01 하나님을 가까이 따름 — 18
02 가난한 자의 복 — 32
03 휘장을 치우는 것 — 46
04 하나님을 아는 것 — 68
05 우주적 임재 — 82
06 말씀하시는 음성 — 98
07 영혼의 주시 — 112
08 창조주와 창조물의 관계 회복 — 128
09 온유와 안식 — 142
10 성례의 삶 — 152

그러므로 우리가 여호와를 알자
힘써 여호와를 알자
그의 나타나심은
새벽 빛 같이 어김없나니 비와 같이,
땅을 적시는 늦은 비와 같이
우리에게 임하시리라 하니라

(호세아 6:3)

PURSUIT OF GOD

01

하나님을 가까이 따름

나의 영혼이 주를 가까이 따르니
주의 오른손이 나를 붙드시거니와
(시 63:8)

A.W. TOZER

기독교 신학은 선행 은총(prevenient grace)이라는 교리를 가르친다. 간단히 말하면 사람이 하나님을 찾기 이전에 하나님이 먼저 사람을 찾으셨다는 것이다. 죄인이 하나님에 대한 올바른 생각을 하기 전, 성령님이 그 사람 안에 조명해 주시는 일이 선행한다. 그것은 희미할 수 있으나 분명히 일어나는 일이며 모든 갈망과 추구와 기도의 숨겨진 원인이다.

하나님이 먼저 우리 안에 무언가를 추구하는 충동을 넣어 주셨기 때문에 우리는 하나님을 추구할 수 있다. "나를 보내신 아버지께서 이끌지 아니하시면 아무도 내게 올 수 없으니"(요 6:44)라고 주님께서 말씀하셨다. 하나님은 우리가 하나님께 가는 것을 자랑할 수 없게 하셨다. 하나님을 추구하게 하는 자극은 하나님으로부터 나온다. 그 자극의 결과로 우리는 하나님을 따르게 된다. 하나님을 좇는 우리는 이미 그분의 손 안에 있는 것이다.

이렇게 하나님이 '붙들어 주시는 것'과 인간이 '따르는 것' 사이에는 아무런 모순이 없다. "하나님은 항상 앞서신다"라는 폰 휘겔의 말처럼 모든 것 앞에는 하나님이 계신다. 그러나 하나님이 먼저 하신 일과 인간의 현재 반응이 만나는 곳에서는, 인간이 하나님을 따라야만 한다. 눈에 보이지 않는 하나님의 이끄심을 하나님이 주시는 것으로 깨달아 경험하려면 우리 측에서 긍정적인 반응을 보여야 한다.

시편 42편 1-2절에서는 이러한 반응을 마음에서 우러나는 따뜻한 언어로 표현하고 있다. "하나님이여 사슴이 시냇물을 찾기에 갈급함 같이 내 영혼이 주를 찾기에 갈급하니이다 내 영혼이 하나님 곧 살아 계시는 하나님을 갈망하나니 내가 어느 때에 나아가서 하나님의 얼굴을 뵈올까." 하나님을 갈망하는 사람들은 이 깊고 깊은 심정을 이해할 것이다.

믿음으로 말미암아 의롭다 함을 얻는 교리는 성경적 진리이며, 헛된 율법주의와 쓸모없는 노력으로부터 우리를 건져 주는 구제책이다. 하지만 오늘날에는 이 교리가 악한 무리에게 전해져 하나님을 아는 데 오히려 방해가 되는 방식으로 해석되고 있다. 기독교를 받아들이는 모든 과정이 기계적이며 무감동적인 것이 되어 버렸다. 이제 믿음은 도덕적 생활에 격동을 일으키지도 않고, 아담적 자아(Adamic ego, 타락한 자아)를 불편하게 하지도 않는다. 그 결과 그리스도를 향한 특별한 사랑 없이 그분을 소위 '영접'하고, 하나님을 향한 굶주림이나 갈증 없이 이른바 '구원'을 받는 사람이 생겨난다. 사실 그는 아무것도 없으면서 만족해하고 흡족해하라는 가르침과 격려를 받고 있는 것이다.

현대의 과학자는 하나님이 만드신 놀라운 것들 가운데서 하나님을 잃어버렸다. 그리고 그리스도인은 경이로운 하나님의 말씀 속에서 하나님을 잃어버릴 크나큰 위험에 처했다. 우리는 하나님이 인격적인 분이시며, 그렇기 때문에 함께 교제할 수 있는 분이심을 거의 잊게 되었다. 하지만 예수님은 "영생은 곧 유일하신 참 하나님과 그가 보내신 자 예수 그리스도를 아는 것이니이다"(요 17:3)라고 말씀하셨다.

모든 사람은 선천적으로 다른 사람을 알 수 있는 능력을 가진다. 그러나 한 사람이 다른 사람을 완전히 아는 일은 단 한 번의 만남으로 이루어질 수 없다. 오랜 기간 마음을 다해 깊은 교제를 한 후에야 상대방 안에 숨어 있는 가능성까지 완전히 알게 된다.

인간과 인간 사이에 있는 가장 일상적인 만남에서부터, 인간의 영혼이 누릴 수 있는 가장 깊고 친밀한 교제에 이르기까지 인간의 모든 사회적 교제는 인격이 인격에게 보이는 반응이다. 진정한 기독교 신앙의 근본은, 창조된 인격들이 창조하시는 인격인 하나님께 보이는 반응에 있다.

하나님은 인격이시다. 여느 인격과 마찬가지로 하나님은 놀랍도록 깊은 성품에서 생각하시고, 의도하시고, 즐기시고, 느끼시고, 사랑하시고, 바라시고, 고통스러워하신다. 우리가 하나님을 알도록 인격이라는 친숙한 형태로 머무시는 것이다. 하나님은 '지정의'라는 길을 통해 우리와 대화하신다. 구속받은 인간 영혼이 부끄러움 없이 하나님과 지속적으로 사랑과 생각을 교환하게 되었다는 사실은 신약의 고동치는 심장이다.

하나님과 영혼 사이의 교제는 개인적이며, 우리는 이 교제를 자각할 수 있다. 개인적이라는 말은 하나님과의 교제가 믿는 사람들이 모인 교회를 통해 개인에게 주어지는 것이 아니라, 각 개인에게 주어진 후 교회에 알려진다는 뜻이다. 그리고 자각할 수 있다는 말은 이 교제가 영혼이 알지 못하는 의식의 저변에서 일어나는 것이 아니라, 사람이 무언가를 깨닫고 느끼고 알듯이 '인식 가능한' 지각의 영역에서 일어난다는 뜻이다.

인간은 크신 하나님의 작은 형상이다. 그분의 형상대로 만들어졌기 때문에 인간 안에는 그분을 알 수 있는 능력이 있다. 그런데 우리는 죄로 인해 그 능력을 상실했다. 성령님이 우리를 거듭나게 하심으로써 다시 살게 되는 순간에 우리의 몸과 영과 마음은 하나님과의 가족 관계를 지각할 수 있다. 이것을 알 때 우리는 기뻐 날뛴다.

거듭남은 하나님께로 돌이키는 것이고 거듭남 없이는 하나님 나라를 볼 수 없다. 그러나 거듭남은 끝이 아니라 시작이다. 거듭난 후에야 영광스러운 추구, 곧 기쁜 마음으로 하나님의 무한한 부를 탐구하려는 추구가 시작되기 때문이다. 나는 바로 여기를 우리의 시작점이라고 말한다. 하지만 아무도 결승점을 발견하지는 못했다. 삼위일체 하나님의 놀랍고 기이한 심오함에는 한계가 없기 때문이다. 이에 대해 프레더릭 페이버(Frederick Faber)는 다음과 같이 노래했다.

끝없는 바다여, 누가 당신을 측량하겠습니까?
하늘의 왕이시여, 당신의 영원성이 당신을 감싸고 있습니다.

하나님을 발견하고도 여전히 하나님을 추구하는 것은 사랑의 패러독스(paradox)이다. 너무 쉽게 만족해 버리는 종교인들은 하나님 추구하기를 무시하지만, 불타는 마음을 가진 자녀들은 하나님을 추구함으로 행복을 경험한다. 성 베르나르(St. Bernard)는 4행시로 그 거룩한 패러독스를 노래했는데, 하나님을 갈망하는 마음을 가진 영혼이라면 누구나 이 내용을 이해할 것이다.

> 생명의 떡이신 주여, 우리는 당신을 맛봅니다.
> 그리고 여전히 우리는 당신으로 배부르기를 갈망하나이다.
> 생수의 근원이신 주여, 우리는 당신을 마십니다.
> 그리고 우리 영혼은 당신으로 채워지기를 갈망하나이다.

믿음의 조상들을 보면 하나님을 향한 갈망의 열정을 느낄 수 있다. 그들은 애통했고, 기도했고, 씨름했으며 기회가 있든 없든 밤낮으로 하나님을 찾았다. 그리고 그들이 하나님을 찾았을 때의 기쁨은 오랫동안 분투해 온 시간이 모두 잊힐 정도로 달콤한 것이었다.

모세는 하나님을 알았기에 그분을 더욱 알게 되기를 간구했다. "내가 참으로 주의 목전에 은총을 입었사오면 원하건대 주의 길을 내게 보이사 내게 주를 알리시고 나로 주의 목전에 은총을 입게 하시며"(출 33:13). 이어서 그는 사랑스러운 요구를 하였다. "원하건대 주의 영광을 내게 보이소서"(18절). 하나님은 이 열정을 기쁘게 생각하셨고, 다음날 모세를 산으로 불러 그의 앞으로 자신의 영광이 엄숙히 지나가게 하셨다.

다윗의 생애는 영적 열망의 급류와 같았다. 그의 시는 하나님을 찾는 자의 부르짖음과 찾은 자의 기쁜 외침을 들려준다. 또한 바울은 삶의 주요 원천이 그리스도를 향해 타오르는 열망이라고 고백했다. 그분을 아는 것이 바울의 목표였고, 이를 위해 바울은 모든 것을 희생하였다. 그리하여 바울은 이렇게 말할 수 있었다. "모든 것을 해로 여김은 내 주 그리스도 예수를 아는 지식이 가장 고상하기 때문이라 내가 그를 위하여 모든 것을 잃어버리고 배설물로 여김은 그리스도를 얻고 그 안에서 발견되려 함이니"(빌 3:8-9).

찬송가는 하나님을 바라는 내용으로 가득 차 있어 아름답다. 하나님을 노래하는 사람은, 그가 하나님을 구하는 동안 이미 찾았음을 안다. 얼마 전까지만 해도 우리 조상들은 "나는 하나님의 발자취를 보며 그분을 따라가겠네"라는 찬송을 불렀다. 하지만 이제 대부분의 사람은 그런 찬송을 부르지 않는다.

이 어두운 시대에 하나님을 추구하는 일조차 우리를 가르치는 이들이 대신 해 준다는 현실이 얼마나 비극적인가? 우리는 그리스도를 받아들이는 처음 행위에만 초점을 맞춘 채, 우리 영혼이 계속해서 하나님의 계시를 갈구하리라 기대하지는 않는다. 그리스도를 발견했으니 이제 그분을 추구할 필요가 없다는 그럴듯한 논리에 말려든 것이다. 이러한 논리가 정설인 듯 제시되고 당연하게 받아들여지는 탓에, 성경을 배우지 않은 그리스도인은 그것이 거짓이라고 생각하지 못한다. 그 결과 하나님을 추구하며 예배드리는 교회의 모든 간증은 무시된다.

향기로운 생활을 하는 많은 성도가 경험한 마음의 신학은 무시되고 아우구스티누스, 러더퍼드(Rutherford), 브레이너드(Brainerd) 같은 사람들에게는 이상하게 보일 것이 틀림없는 독선적인 성경 해석이 지지를 받는다. 이렇게 냉랭한 현실 속에서도 내가 즐거워할 수 있는 이유는, 그런 얄팍한 논리에 만족하지 않는 사람들이 있기 때문이다. 그들은 돌아서서 눈물을 흘리며 한적한 장소에 찾아가 "하나님의 영광을 보여 주소서"라고 기도할 것이다. 그들은 하나님을 경험하고, 마음으로 그분을 만나며, 내면의 눈으로 그분을 보기 원한다.

나는 하나님을 향한 이러한 열망을 불러일으키기로 결심했다. 거룩한 갈망이 부족하기 때문에 우리는 낮은 수준에 와 있는 것이다. 적당한 만족은 모든 영적 성장에 치명적이다. 날카로운 갈망이 있어야 한다. 그것이 없으면 우리에게 그리스도의 나타나심도 없을 것이다. 하나님은 우리가 그분을 원하기를 기다리신다. 하나님이 많은 사람을 이렇게나 오래, 헛되이 기다리신다는 것은 너무도 안타까운 일이다.

모든 세대는 나름대로의 특성을 가지는데, 지금 세대의 특성은 바로 종교적 복잡성이다. 그리스도 안에 있는 단순성이 우리 가운데서는 거의 발견되지 않는다. 그 대신 시간과 관심을 요하면서도 마음의 갈망은 채워 주지 못하는 활동, 기구, 프로그램이 여러 종류의 신경을 자극한다. 얕은 내적 경험, 텅 빈 예배, 노예 근성으로 세상을 모방하며 발전시키는 모든 방법이 오늘날을 사는 우리가 하나님과 그분의 평안을 불완전하게 알고 있음을 증명해 준다.

하나님을 추구하기 원한다면 그분을 찾겠다는 결단을 한 후에 단순한 방식으로 나아가야 한다. 지금도 하나님은 자신을 '어린아이'에게는 나타내시고, 지식이 있고 똑똑한 자들에게는 깊은 어둠 속으로 감추신다. 우리는 하나님께 나아갈 때 필요 없는 것을 제거하고 필수적인 것만을 남겨 놓아야 한다. 감사하게도 필수적인 것은 아주 적다. 사람에게 잘 보이려는 모든 노력을 벗어 버리고 어린아이처럼 간사함 없이 솔직하게 나아가면 하나님은 속히 반응을 보이실 것이다.

우리에게 필요한 것은 하나님뿐이다. 하나님을 효율적으로 찾으려는 나쁜 습관이 완전한 하나님을 보지 못하게 한다. 바로 이 습관 속에 우리의 무서운 적이 있다. 이 나쁜 습관을 버린다면 곧 하나님을 만나게 될 것이고, 그분 안에서 우리가 전 생애에 걸쳐 비밀히 갈망해 온 전부를 발견하게 될 것이다.

하나님을 가까이하면 우리 생활이 축소되고 끝없는 마음의 활동이 제한될까 봐 두려워하지 않아도 된다. 사실은 그 반대이기 때문이다. 우리는 하나님을 전부로 여기며 그분께 온전히 집중할 수 있고, 자신을 넉넉히 드릴 수 있다.

재미있는 영국 고전인 『무지의 구름』(*The Cloud of Unknowing*)의 저자는 하나님을 따르는 방법을 가르쳐 준다. "부드러운 감동이 이는 사랑의 마음으로 하나님을 바라보라. 그리고 그분이 주시는 것이 아니라, 그분만을 원하고 바라라. 하나님 이외에 다른 무엇에 대해 생각하기를 미워하라. 그래서 오직 하나님 한 분 외에는 당신의 지식과 뜻에 작용하지 못하게 하라. 이것이 하나님을 가장 기쁘게 해 드리는 영혼의 일이다."

이어서 그는 우리가 기도 가운데서 모든 것을, 심지어 우리의 신학까지도 벗어 버리라고 권한다. "왜냐하면 다른 목적도 가식도 없이 하나님께 전념하는 것만으로 충분하기 때문이다." 그의 모든 생각에는 신약의 진리라는 거대한 기반이 깔려 있다. 그는 "하나님 자신"이라는 말에 '당신을 만드신 하나님', '당신을 사신 하나님', '당신의 분량대로 당신을 은혜로 부르신 하나님'이라는 의미가 담겨 있다고 설명하기 때문이다.

그리고 그는 단순성을 좋아한다. "신뢰할 만한 하나의 단어로 종교를 설명한다면, 짧은 음절의 단어를 택하겠다. 왜냐하면 긴 음절로 된 것보다 낫기 때문이고, 짧을수록 성령님이 하시는 일과 잘 어울리기 때문이다. 그 단어는 바로 '하나님'(God) 또는 '사랑'(love)이다."

하나님이 이스라엘 족속에게 땅을 분배하실 때 레위 사람은 아무 땅도 받지 않았다. 하나님은 "내가 너의 분깃이요 너의 유업이다"라고 말씀하셨을 따름이다. 이 말씀으로 레위 사람은 다른 모든 사람보다 부유하게 되었다. 우리는 바로 여기서 가장 높으신 하나님께 속한 모든 제사장에게 여전히 유효한 영적 원리를 보게 된다.

하나님을 자기의 보물로 소유한 사람은 그분 안의 모든 것을 갖는다. 세상의 많은 보물은 소유하지 못할 수도 있다. 설령 그런 평범한 보물을 소유하게 된다 해도, 그것이 주는 기쁨은 하나님과 비할 바가 되지 못할 것이다. 그 보물은 결코 행복의 필수 조건이 될 수 없기 때문이다.

반대로 보물들을 하나하나 잃는다 해도, 상실감을 느끼지 않을 것이다. 모든 것의 원천이신 하나님 한 분을 소유함으로써 그분 안에 있는 모든 만족과 기쁨과 즐거움을 가지기 때문이다. 결국 유일하신 하나님 안에서 순결하고 합법적으로 모든 것을 영원히 가진 사람은 무언가를 잃어도 실제로는 잃지 않은 것이다.

PRAY

삼위일체의 하나님,

저는 주님의 선하심을 맛보았습니다.

그것은 저를 만족시켰고 저로 하여금 더욱 갈증 나게 하였습니다.

제게 더 많은 은혜가 필요하다는 것을 아프도록 느끼고 있습니다.

저에게 주님을 향한 갈망이 부족했던 것을 부끄럽게 생각합니다.

이제 저는 당신을 바라는 마음으로 충만해지기를 원합니다.

진정으로 당신을 알도록 저에게 영광을 보여 주소서.

자비로우심 가운데 제 안에서

사랑의 새 일을 시작하여 주소서.

저의 영혼에게 "나의 사랑, 나의 어여쁜 자야

일어나서 함께 가자"라고 말씀하소서.

그리고 하나님께서 그렇게 말씀하실 때

제가 오래도록 헤매던 이 습기 찬 저지에서 벗어나

주님을 따르도록 은혜를 주소서.

예수님의 이름으로 기도합니다. 아멘.

02

가난한 자의 복

심령이 가난한 자는 복이 있나니
천국이 그들의 것임이요
(마 5:3)

A. W. TOZER

하나님은 지구상에 인간을 만드시기 전에, 먼저 인간의 생명을 유지해 주고 인간을 기쁘게 해 줄 쓸모 있고 유쾌한 것들을 창조하여 준비하셨다. 창세기의 창조 이야기에서 "사물들(things)"이라 불리는 것들은 인간의 필요를 채우기 위해 인간의 외부에서 인간을 돕도록 만들어졌다. 그리고 인간의 마음속 깊은 곳에는 하나님만 들어가실 수 있는 성역이 있었다. 즉 인간 내면에는 하나님이 계셨고, 외부에는 그분이 쏟아부어 주신 수천의 선물이 있었다.

그러나 죄가 들어옴으로 복잡해졌고, 하나님의 선물이었던 사물들이 이제는 영혼에 해를 끼치는 숨겨진 원인이 되었다. 재난은 우리의 중심 성역에서 하나님이 쫓겨나시고 사물들이 들어오면서 시작된다. 인간의 마음속에 사물들이 침범하기 시작했다. 이제 인간은 날 때부터 평안이 없게 되었다. 왜냐하면 하나님이 더 이상 인간의 마음속에서 왕관을 쓰고 계시지 않고, 도덕적으로 어둠침침해진 그곳에서 고집 세고 공격적인 고리대금업

자 같은 것들이 왕좌를 차지하려고 싸우고 있기 때문이다. 이것은 단순한 비유가 아니라 우리 안에 실재하는 영적 문제에 대한 정확한 분석이다.

인간의 마음속에는 타락한 삶의 질긴 뿌리가 있다. 바로 강렬한 열망을 가지고 사물들을 소유하려고 몹시 탐내는 것이다. "나의(my)", "나의 것(mine)"이라는 말들은 문자 자체로만 보면 무해하다. 그러나 이 말들이 계속해서 널리 사용되고 있는 현실을 보면 의미심장하다. 그 말들은 옛날 아담과 똑같은 인간의 실제 성품을 천 권의 신학 서적보다 더 잘 드러낸다. 그것들은 우리의 깊은 병을 나타내는 언어적 징후이다.

사물들이 우리 마음에 깊이 뿌리박히는 바람에 우리는 죽을까 봐 겁이 나서 그것들을 조금도 뽑아내지 못하고 있다. 우리에게 필수 불가결한 요소로 자리 잡은 사물들이 원래부터 그런 의도로 만들어진 것은 아니었다. 그러나 이제 하나님의 선물은 하나님의 자리를 차지하게 되었고, 자연의 모든 진리는 그 괴물 같은 대체물에 의해 전복되었다.

우리 주님께서 제자들에게 "누구든지 나를 따라오려거든 자기를 부인하고 자기 십자가를 지고 나를 따를 것이니라 누구든지 제 목숨을 구원하고자 하면 잃을 것이요 누구든지 나를 위하여 제 목숨을 잃으면 찾으리라"(마 16:24-25)라고 말씀하셨을 때, 그분은 사물들의 압제를 언급하신 것이었다.

이해하기 쉽도록 설명하자면, 우리 내면에는 우리가 용납함으로써 스스로를 위험에 빠뜨리는 원수가 있다. 예수님은 그 원수를 "자기(self)" 또는 "목숨(life)", 곧 "자기 목숨(self-life)"이라고 하셨다. 이 원수의 주요한 특성은 소유욕이 강하다는 것이다. '쟁취하다(gain)', '이득을 얻다(profit)'와 같은 단어들이 그 특성을 잘 표현해 준다. 원수가 내 안에 살도록 허락하면 결국 전부를 잃는다. 그리스도를 위해 자기 목숨을 거부하고 포기하는 것이 원수를 멸망시키는 효과적이고 유일한 길이요, 아무것도 잃지 않는 길이요, 영생을 위한 길이다.

하나님을 깊이 알기 위해서는, 자기를 부인하게 만들고 영혼을 가난하게 만드는 외로운 골짜기를 통과해야 한다. 하나님 나라를 소유하는 복된 사람들은 모든 외적인 것을 거부하며 그들의 마음으로부터 모든 소유욕을 뿌리 뽑아 버린다. 그들은 '심령이 가난한'(poor in spirit) 사람들이다. 그들의 내적 상태는 예루살렘 거리에 있는 거지의 외적 상태와 별 다를 바가 없다. 이것이 그리스도께서 "가난하다"라는 단어를 쓰셨을 때 실제로 의도하신 바이다. 이 축복받은 가난한 자들은 더 이상 사물들의 노예가 아니다. 그들은 압제의 굴레를 깨뜨렸다. 그들은 소유욕으로부터 자유롭게 되었으나, "천국이 그들의 것임이요"(마 5:3)라는 말씀과 같이 모든 것을 소유하고 있다.

이 진리를 단순한 성경의 가르침으로 생각하여 마음속에 쌓인 무력한 원리 더미와 함께 치워 버려서는 안 된다. 이것은 푸르른 초장으로 이끄는 이정표요, 하나님의 산에 이르는 가파른 길이다. 성스러운 추구를 계속해 나가려면 이것을 감히 무시하지 말아야 한다. 우리는 한 번에 한 걸음씩 가야 한다. 만약 한 걸음 내딛기조차 거부한다면 종말에 이르게 된다. 신약의 이러한 영적 생명의 원리를 가장 잘 보여 주는 예가 구약에 있다. 아브라함과 이삭의 이야기에서 우리는 팔복 중 하나를 멋지게 설명하는 주석이자, 헌신하는 삶의 드라마 같은 장면을 보게 된다.

이삭이 태어났을 때 아브라함은 그 아이의 할아버지라 해도 무리가 없을 만큼 나이가 많았다. 이삭은 아브라함에게 기쁨이요 우상이 되었다. 몸을 구부려 어색한 모습으로 작은 몸체를 팔에 안은 순간부터, 아브라함은 아들에게 열심 있는 사랑의 종이 되었다. 이에 하나님은 그의 길 밖으로 밀려나실 수밖에 없었다. 아브라함의 사랑을 이해하기는 어렵지 않다. 그 아기는 아브라함이 오랫동안 품어 온 소망, 메시아의 꿈, 하나님의 약속, 언약 같은 모든 신성한 것을 대표하기 때문이다.

이삭이 자라 어린 아기에서 젊은 청년이 되어 가는 것을 보면서 아브라함의 마음은 아들과 점점 밀접하게 되었고, 마침내는 위험한 지경에 이르고 말았다. 바로 그때 하나님은 부정한 사랑의 결과로부터 아버지와 아들 모두를 구하려고 개입하셨다. "네 아들 네 사랑하는 독자 이삭을 데리고 모리아 땅으로 가서 내가 네게 일러 준 한 산 거기서 그를 번제로 드리라"(창 22:2).

성경은 그날에 이 나이 든 사람이 하나님과 함께 결말지어야 했던 고통의 시간을 클로즈업하여 보여 주고 있지는 않다. 그러나 별들 아래에서 경외심으로 엎드려 홀로 격심한 투쟁을 하는 아브라함의 모습을 우리는 충분히 상상할 수 있다. 아브라함보다 크신 분이 겟세마네에서 투쟁하게 될 때까지, 아브라함이 경험한 것처럼 치명적인 고통은 인간에게 없었을 것이다.

아브라함 자신을 죽이라는 명령이었더라면 몇 천배 쉬웠을 것이다. 이제 그는 늙었고, 오래도록 하나님과 동행해 온 사람에게 죽음은 그렇게 힘든 일이 아니었을 것이기 때문이다. 또한 아브라함은 죽을지언정, 자신의 혈통을 이어 가고 오래전 갈대아 우르에서 받은 하나님의 약속을 성취할 그의 건강한 아들을 살리는 기쁨을 맛볼 것이기 때문이다.

그런데 아이를 살해하라는 하나님의 명령을 "이삭에게서 나는 자라야 네 씨라 부를 것임이니라"(창 21:12)라는 이전의 약속과 어떻게 조화시킬 수 있단 말인가? 이것은 아브라함이 받은 불로 말미암는 시련이었다. 하지만 아브라함은 그 도가니 속에서 결코 실패하지 않았다.

이삭이 잠든 장막 위에 날카로운 흰 촉 같은 별빛이 여전히 빛나고 있었다. 그리고 어스레한 새벽빛이 동쪽에서 밝아 오기 훨씬 전에 그 늙은 아버지는 마음을 정했다. 하나님이 명하신 대로 아들을 바치고 나서, 그 아이를 죽음 가운데서 일으켜 달라고 하나님께 간구하려는 것이었다. 이것이 어두운 밤에 고통받던 그의 마음이 찾은 해결책이었다.

마침내 아브라함은 '이른 아침'에 그 계획을 실행하려고 일어났다. 그가 하나님의 방법에 대해 고민하던 중에 그분이 품으신 마음의 비밀을 옳게 감지할 수 있었다는 것은 아름다운 일이다.

그리고 아브라함의 선택은 '누구든지 나를 위하여 잃으면 찾으리라'는 신약의 말씀과 조화를 이룬다.

하나님은 그 고통받는 노인을 후퇴할 곳이 전혀 없어 보이는 지경으로 몰고 가셨다. 하지만 마지막에는 아이에게 손대지 못하게 하셨다. 의아해하는 그 족장에게 하나님은 이렇게 말씀하신다. "아브라함아, 나는 네가 그 아이를 죽이게 하려는 것이 결코 아니었다. 단지 네 마음의 성전으로부터 그 아이를 제거하여 아무 도전 없이 나만이 통치하려는 것이었다. 나는 너의 사랑 속에 있는 타락된 부분을 고치기 원했다. 이제 되었으니 그 아이를 데리고 너의 장막으로 가라. 네 아들, 네 독자라도 내게 아끼지 아니하였으니 이제야 네가 나를 경외하는 줄을 아노라."

그때 하늘이 열렸고 또 다시 아브라함에게 말씀하시는 소리가 들렸다. "내가 네게 큰 복을 주고 네 씨가 크게 번성하여 하늘의 별과 같고 바닷가의 모래와 같게 하리니 네 씨가 그 대적의 성문을 차지하리라 또 네 씨로 말미암아 천하 만민이 복을 받으리니 이는 네가 나의 말을 준행하였음이니라"(창 22:17-18).

하나님의 종은 그 목소리에 응하여 머리를 들었다. 그리고 가장 높으신 이의 친구이자 특별한 목적을 위해 구별된 자로서 아브라함은 그 산 위에 정결하고 당당하게 서 있었다. 이제 그는 완전히 헌신하는 자요, 철저히 순종하는 자요, 아무것도 소유하지 않은 자가 된 것이다.

아브라함은 자신의 모든 것을 사랑하는 아들 안에 집중시켰다. 그런데 하나님이 그로부터 아들을 취하신 것이다. 하나님은 아브라함의 삶 가장자리에서부터 일을 시작하실 수도 있었으나, 재빠르게 중심을 찌르고 들어가 우상을 도려내셨다. 경제적인 방법으로 일하신 것이다. 이는 그를 비참하도록 가슴 아프게 했지만 효과적이었다.

나는 아브라함이 아무것도 소유하지 않았다고 이야기했다. 그러나 이 가난한 사람은 부유하지 않았는가? 그는 이전에 가지고 있던 양, 낙타, 소, 그 밖에 모든 종류의 물건을 여전히 그의 것으로 누릴 수 있었다. 또 아내, 친구들, 무엇보다 아들을 그의 곁에 안전한 채로 데리고 있었다. 그는 모든 것을 가졌으나 아무것도 가지지 않았다. 여기에 영적 비밀이 있다. 바로 '자기 부인'의 학교에서만 배울 수 있는 달콤한 마음의 신학이다.

그 고통스럽고도 복된 경험 후에 아브라함은 "나의"와 "나의 것"이라는 말을 다시는 같은 의미로 받아들이지 않았으리라고 생각한다. 세상이 말하는 '소유'가 그의 마음에서 사라진 것이다. 사물들은 영원히 외부로 던져졌다. 그것들은 이제 아브라함에게 있어서 외부적인 것이다. 그의 내면은 사물들로부터 자유롭다.

세상은 아브라함이 부유하다고 이야기했으나 그 나이 든 족장은 미소 지을 따름이었다. 사람들의 생각과 달리 아브라함은 자신이 아무것도 소유하지 않았으며, 자기의 진정한 보물은 내면적이고 영원한 것이라는 사실을 알고 있었다.

사물에 소유욕을 가지고 매달리는 것이 인생에 해로운 습관 중 하나라는 사실은 분명하다. 소유욕은 너무도 자연스럽기 때문에 그 해악이 정확히 인식되지 않는다. 하지만 그것이 빚어 내는 결과는 비극적이다. 우리는 자기 보물의 안전을 염려하기 때문에 주님께 그 보물 드리기를 지체한다. 우리의 보물이 사랑하는 친척이나 친구일 때 더욱 그렇다. 그러나 우리는 염려할 필요가 없다. 주님은 멸하러 오신 것이 아니라 구원하러 오셨기 때문이다. 우리가 주님께 드린 모든 것은 안전하고, 드리지 않은 모든 것은 불안전하다.

우리의 은사와 재능도 주님께 드려져야 한다. 그것들은 실제로 하나님이 우리에게 빌려주신 것임을 알아야 하며, 결코 우리들 자신의 것으로 여겨서는 안 된다. 우리에게는 아름다운 눈이나 튼튼한 근육과 마찬가지로 특별한 재능에 대해서도 자랑할 권리가 없다. "누가 너를 남달리 구별하였느냐 네게 있는 것 중에 받지 아니한 것이 무엇이냐"(고전 4:7).

자기 자신을 조금이라도 알 만한 정도의 지각이 있는 그리스도인이라면 소유욕이라는 병폐의 징후를 알아볼 수 있으며, 이로 인해 슬퍼할 것이다. 그 사람 안에 있는 하나님을 향한 갈망이 충분히 강하다면 그는 무슨 수라도 써야 되겠다고 생각할 것이다. 그렇다면 이제 그는 무엇을 해야 할까?

우선 모든 자기 방어를 거두고, 자신 앞에서나 주님 앞에서 변명하려는 시도를 그만두어야 한다. 스스로를 변호하는 사람은, 그 사람만이 자신을 변호할 뿐 어느 누구도 그를 변호해 주지 않는다. 그러나 변명 없이 주님 앞으로 나아간다면 다른 사람 아닌 바로 하나님이 그를 위한 변호사가 되어 주실 것이다. 그러므로 거짓된 마음이 꾸며 내는 교활한 책략을 짓밟아 버리고, 주님과의 솔직하고 열린 관계를 끝까지 주장하라.

이것이 거룩한 일임을 기억해야 한다. 조심성 없거나 무관심한 태도에서 벗어나 말씀을 들으려는 강한 결심으로 하나님께 나아가라. 그리고 모든 것을 하나님께 드려서 주님이 당신의 마음으로부터 사물들을 끄집어내시고, 그 마음속에서 능력 가운데 다스리시게 하라. 구체적으로 사물들의 이름을 하나하나 말해야 할지도 모른다. 만약 아주 철저하다면 노고의 시간을 몇 년에서 몇 분으로 줄이게 될 것이고, 감정의 응석을 피우며 하나님과의 관계를 바로잡는 데 늑장을 부리는 사람들보다 훨씬 일찍 그 복된 관계로 들어가게 될 것이다.

이는 자연 과학을 배울 때처럼 기계적인 방법으로 터득되는 것이 아니라 경험을 통해서만 진정으로 알게 된다. 아브라함의 호되고 모진 경험 뒤에 따라온 축복을 알고자 한다면 우리도 마음 가운데서 그러한 과정을 경험해 보아야 한다. 오래전부터 이어져 온 저주받은 습관이 고통 없이 사라지지는 않을 것이다.

우리 안에 있는 고집스러운 인색함은 마음을 완고히 하여 우리의 명령에 순순히 복종하지 않을 것이다. 그것은 마치 흙에서 뽑혀 나오는 식물처럼 우리 마음에서 찢겨 나와야 하며, 잇몸에서 뽑혀 나오는 이처럼 아픔과 핏물 가운데서 뽑혀 나와야 한다. 또한 그것은 그리스도께서 돈 바꾸는 자들을 성전에서 쫓아내셨던 것처럼, 우리 영에서 강제로 힘을 써서 쫓아내야 한다. 소유욕이 아무리 불쌍하게 애걸해도 눈 하나 깜짝해서는 안 되며, 이러한 애걸은 인간 마음의 괘씸한 죄 중 하나인 자기 동정에서 비롯된다는 사실을 인식해야 한다.

만약 하나님을 더욱 친밀하게 알고자 한다면 우리는 아브라함이 갔던 길을 가야만 한다. 그리고 우리가 하나님을 추구한다면 하나님은 우리에게 이 시험을 곧 치르게 하실 것이다. 아브라함은 시험을 치르던 당시에 그것이 시험이라는 사실을 모르고 있었다. 만약 아브라함이 다른 길을 택했더라면 구약의 모든 역사는 달라졌을 것이다. 의심의 여지 없이 하나님은 다른 사람을 찾아내어 자신의 사람으로 삼으셨을 테고, 아브라함의 손실은 이루 말할 수 없을 정도로 비극적이었을 테다.

아브라함처럼 우리도 시험의 장소에 이르게 될 것인데, 언제 거기에 이르게 될지는 결코 알 수 없다. 그러나 한 가지는 분명하다. 그 시험의 장소에서 우리에게 여러 선택지가 주어지지 않는다는 사실이다. 오직 한 길, 아니면 다른 한 길이 있을 뿐이다. 우리의 모든 미래는 그 한 번의 선택에 따라 좌우될 것이다.

PRAY

아버지여, 저는 당신을 알기 원합니다.
그러나 저의 비겁한 마음은
제가 가진 장난감들을 손에서 놓기를 두려워합니다.
그것들과 헤어지려면 내적인 피 흘림이 있을 것입니다.
저는 그 헤어짐을 두려워한다는 사실을
당신 앞에서 감추려 노력하지 않습니다.
그러나 떨면서 나아갑니다.
제가 오래도록 사랑하여 살아 있는
제 자신의 일부가 되어 버린 모든 것을
저의 마음으로부터 뿌리 뽑아 주시고,
주님만이 제 마음에 들어와 거하여 주소서.
그리고 당신이 거하시는 그곳을 영광스럽게 만들어 주소서.
당신이 제 마음의 빛이시기에,
그곳에는 태양이 비출 필요가 없으며 밤이 없을 것입니다.
예수님의 이름으로 기도합니다. 아멘.

03

휘장을 치우는 것

**그러므로 형제들아
우리가 예수의 피를 힘입어
성소에 들어갈 담력을 얻었나니**
(히 10:19)

A. W. TOZER

교부들의 유명한 말들 중 아우구스티누스의 이 말이 가장 널리 알려져 있다. "주님께서 당신 자신을 위해 우리를 지으셨으니, 우리의 마음은 주님 안에서 쉼을 찾기까지는 안식할 수 없나이다." 이 위대한 성인은 몇 마디 말로 인간의 근원과 내적 역사를 설명하고 있다. 하나님이 자신을 위하여 우리를 창조하셨다는 설명만이 분별 있는 사람의 마음을 만족시킬 것이다.

그릇된 교육과 잘못된 추리로 다른 결론에 이른 사람을 위해 해 줄 수 있는 일은 거의 없다. 나는 그러한 사람을 위한 어떤 메시지도 가지고 있지 않다. 나의 호소는 이미 하나님의 지혜에 의해 은밀히 가르침을 받아 온 사람들을 향한 것이다. 나는 하나님의 손길에 의해 각성된 갈망을 품은 사람들의 갈급한 마음에 말하고 있다. 자신이 그런 상태에 있는지 논리적으로 증명할 필요는 없다. 쉼 없는 마음이 바로 그 증거가 되기 때문이다.

하나님은 자신을 위하여 우리를 만드셨다. 웨스트민스터 소요리문답은 예전부터 내려오던 질문인 '무엇'과 '왜'를 묻고 있데, 하나님의 영감 없이 쓰인 그 어떤 작품과도 비견할 수 없는 문장으로 짤막하게 이 질문에 답하고 있다.

"인간의 제일 되는 목적은 무엇인가?"
"인간의 제일 되는 목적은
하나님을 영화롭게 하는 것이며
영원히 그분을 즐거워하는 것이다."

영원히 사시는 주님을 경배하기 위하여 엎드린 스물네 명의 장로들은 이에 동의하여 말한다. "우리 주 하나님이여 영광과 존귀와 권능을 받으시는 것이 합당하오니 주께서 만물을 지으신지라 만물이 주의 뜻대로 있었고 또 지으심을 받았나이다"(계 4:11).

하나님은 자신의 기쁨을 위해서 우리를 지으셨다. 이는 하나님과의 친밀한 영적 교제 안에서 인격 간의 감미로운 사귐을 통해 우리 또한 기쁨을 얻게 하기 위해서다. 하나님은 우리가 이 신비로운 교제 가운데 그분을 보며, 그분과 함께 살고, 그분의 미소에서 생명을 얻도록 의도하셨다. 그러나 우리는 밀턴이 사탄과 그 무리를 묘사할 때 말한 "부정한 반역"(foul revolt)이라는 죄를 지었다. 죄로 인해 하나님과의 관계가 끊어진 것이다. 우리는 하나님을 사랑하고 하나님께 순종하기를 그만두었고, 죄와 두려움으로 인해 그분의 임재로부터 가능한 한 멀리 도망쳤다.

그러나 누가 그분의 임재로부터 피할 수 있겠는가? 하늘과 하늘의 하늘이라도 그분을 모시기에 부족하며, 지혜서가 증거한 대로 주의 영이 세상에 가득하다. 주님의 편재하심은 실재하는 사실이고 그분의 완전하심을 나타내는 장엄한 진리이다. 그러나 이것은 분명하게 드러난 임재(manifest presence)와는 다르다. 우리는 동산 나무들 사이에 숨었던 아담처럼, "주여 나를 떠나소서 나는 죄인이로소이다"(눅 5:8)라고 외치며 엎드렸던 베드로처럼 그분의 임재로부터 도망치려 한다.

이 땅에서 인간의 생활은 하나님의 임재로부터 멀리 떨어진 삶이며, 마땅히 거할 장소인 '복된 중심'에서 멀리 벗어난 삶이다. 우리가 거하기에 정당하고 적당한 장소인 첫 땅을 잃어버린 것이 끊임없는 불안의 원인이다. 그런데 하나님의 구속 사역은 부정한 반역의 결과를 말소하고, 우리를 하나님과의 올바르고 영원한 관계로 돌이킨다. 이를 위해서는 우리의 죄가 완전하고 합당한 방식으로 처리되어야 했고, 우리가 다시금 하나님과의 의식할 수 있는 교제 속으로 돌아가 이전처럼 하나님의 임재 가운데 살아갈 수 있도록 온전한 화해가 이루어져야 했다.

하나님은 우리 안에서 먼저 행하시는 그분의 사역으로 말미암아 우리가 돌아오도록 일하신다. 우리의 쉼 없는 마음이 하나님의 임재를 바라며 동경할 때 우리는 처음으로 주의를 기울이며 이렇게 말하게 되는 것이다. "내가 일어나 내 아버지께 돌아가리라." 바로 이것이 첫걸음이다.

죄의 광야에서 벗어나 하나님의 임재를 누리는 자리로 나아가는 영혼의 내적 여정은 구약의 성막에 아름답게 묘사되어 있다. 돌아오는 죄인은 먼저 바깥뜰에서 번제단 위에 피의 제물을 드렸고, 그 옆에 있는 물두멍에서 자신을 씻었다. 그러고 나서 그는 성소로 들어갔다. 성소에는 자연의 빛이 전혀 들지 않았으나 세상의 빛 되시는 예수님을 가리키는 금 등잔대의 부드러운 빛이 있었다. 또한 거기에는 생명의 양식인 예수님을 상징하는 진설병과 끊임없는 기도를 상징하는 향단이 있었다.

예배드리는 자가 여기까지 들어오며 굉장히 기뻤다고 할지라도, 그는 아직 하나님의 임재 안에 들어가지 않은 것이다. 휘장이 지성소를 성소와 구별하고 있었기 때문이다. 지성소에는 하나님 자신이 속죄소 위에 놀랍고 영광스럽게 나타나 거하셨다. 성막이 서 있는 동안 오직 대제사장만이 1년에 한 번씩, 그의 죄와 백성들의 죄를 위해 피를 가지고 들어갈 수 있었다. 그런데 이 마지막 휘장은 예수님이 갈보리에서 숨을 거두실 때 찢어졌다. 성경은 이 휘장이 찢어짐으로 세상 모든 예배자가 새롭고 살아 있는 길을 통하여 하나님의 임재 안으로 곧장 갈 수 있게 되었다고 설명한다.

신약의 모든 것은 구약의 모형과 들어맞는다. 구속받은 사람은 더 이상 지성소에 들어가기를 두려워하여 멈출 필요가 없다. 하나님은 우리가 그분의 임재 안으로 담대히 나아가 그곳에서 우리의 전 생애를 살기 원하신다. 이 사실을 우리는 스스로 경험하여 알아야 한다. 고수해야 할 교리 그 이상으로 우리가 매일 매 순간 즐겨야 하는 삶이기 때문이다.

성막에 여호와가 계셨다는 것이 가장 위대한 사실이다. 임재의 불길은 레위 족속의 고동치는 심장이었다. 그것이 없었다면 성막의 모든 약속은 알 수 없는 부호였을 테고, 이스라엘에게나 우리에게나 아무 의미가 없었을 것이다. 하지만 휘장 안쪽에는 하나님이 기다리고 계셨다. 하나님의 임재는 기독교의 핵심 진리다. 기독교 메시지의 중심에는 구속받은 자녀들이 임재를 의식하는 단계에 이르기를 기다리시는 하나님 자신이 계신다.

하지만 요즘 기독교는 임재를 이론으로만 알고, 이것이 현재에도 누릴 수 있는 그리스도인의 특권임을 강조하는 데는 실패했다. 우리가 위치적으로 하나님의 임재 안에 있다고 말할 뿐, 그 임재를 실제로 경험해야 할 필요성에 대해서는 말하지 않기 때문이다. 맥체인(McCheyne) 같은 사람들을 움직인 불같은 강권이 완전히 결여되어 있는 것이다. 오늘날의 그리스도인은 불완전한 기준으로 자신을 측정한다. 불타는 열정이 있어야 할 자리를 비천한 만족이 대신하고 있다. 대부분이 자신의 법적 소유 안에서 쉬는 것으로 만족하며 개인적으로 하나님의 임재를 경험하지 못했다는 현실에 관해서는 걱정하지 않는다.

불타는 듯한 현현으로 휘장 안에 거하시는 분은 누구신가? 다름 아닌 하나님이시다. 니케아 신조는 성부 하나님에 대해 이렇게 말한다.

> 전능하고 유일하신 하나님 아버지, 곧 하늘과 땅과
> 보이는 것과 보이지 않는 것을 모두 만드신 분

성자 하나님에 대해서는 다음과 같이 선포한다.

하나님의 독생자이신 주 예수 그리스도,
곧 하나님의 하나님이자 빛의 빛이요
만들어지지 않고 하나님으로부터 나셔서
아버지와 일체이신 분

그리고 성령 하나님에 대해 이렇게 고백한다.

주님이자 생명을 주시는 성령님,
곧 아버지와 아들로부터 나오셔서
함께 경배와 영광을 받으시는 분

성삼위는 한 하나님이시다. 아타나시우스 신조가 이를 밝히고 있다. "우리는 위격을 혼동하거나 일체를 나누지 않고 연합된 삼위일체(Trinity in Unity)를, 삼위일체의 하나님(God in Trinity)을 섬긴다. 아버지와 아들과 성령은 하나이며 그 영광은 동등하고 위엄은 영원하다." 영감으로 적힌 말씀도 동일하게 이를 밝힌다.

휘장 뒤에 계신 하나님을 두고 세상은 이상하고도 모순되게 '어쩌면 하나님을 발견할 수도 있을 테지'라고 여기고 있다. 하나님은 자연을 통하여 자신을 어느 정도까지는 계시하셨으며, 좀 더 완전히는 성육신을 통하여 나타내셨다. 이제 그분은 겸손한 영과 청결한 마음을 가진 사람들에게 황홀케 하는 충만함으로 자신을 보여 주기를 기다리고 계신다.

세상은 하나님을 아는 지식이 없어 멸망해 가고, 교회는 하나님의 임재가 결핍되어 굶주려 간다. 대부분의 영적인 질병에 대한 즉각적인 치료법은 하나님의 임재를 영적으로 경험하는 것, 즉 우리가 하나님 안에 있고 하나님이 우리 안에 계심을 돌연히 깨닫는 것이다. 이 경험은 우리를 애처로운 협소함에서 건져 올리고 우리의 마음을 넓혀 준다. 그리고 떨기나무의 불꽃에 벌레들과 균들이 타 없어졌듯이 우리의 생활에서 불결한 것들을 태워 없애 준다.

하나님 곧 예수 그리스도의 아버지는 우리가 거닐 수 있는 광대한 세계이며, 우리가 헤엄칠 수 있는 광대한 바다이다. 하나님이 어떤 분이신지 살펴보자. 첫째, 하나님은 영원한 분이시다. 여기서 '영원'이란 하나님이 시간보다 앞서시며 시간과는 완전히 독립적이심을 말한다. 시간은 그분 안에서 시작되었고 그분 안에서 끝날 것이다. 하나님은 시간에 경의를 표하지 않으시며 시간에 의해 아무런 변화도 겪지 않으신다. 그분에게는 과거와 미래가 없다.

둘째, 하나님은 불변하는 분이시다. 즉 하나님은 지금까지 결코 변하지 않으셨으며 앞으로도 변치 않으실 것이다. 변화하려면 그분의 좋은 것이 나쁘게 바뀌거나 그분의 나쁜 것이 좋게 바뀌어야 할 필요가 있는데, 하나님은 둘 다 할 수 없으시다. 왜냐하면 그분은 이미 완전하셔서 더 이상 완전해지실 수 없기 때문이다. 만약 그분이 덜 완전하셨더라면 하나님 이하였을 것이다.

셋째, 하나님은 전지한 분이시다. 이는 그분이 속박받거나 힘들이지 않고 한 번에 모든 사물, 모든 영, 모든 관계, 모든 사건을 아신다는 것을 의미한다.

하나님은 존재하신다. 그러나 피조물에 사용되는 제한적이고 한정적인 용어는 그분에게 적합하지 않다. 사랑과 자비와 의는 그분의 것이며, 거룩은 이루 말로 표현할 수 없어서 어떠한 비교와 비유도 이것을 나타내기에 합당치 않다. 그나마 불 정도가 거룩함의 먼 개념이라도 설명해 줄 수 있다. 하나님은 떨기나무 불꽃 가운데서 나타나셨고 광야에서의 긴 여정 가운데 불기둥으로 거하셨다. 성소에 있는 그룹들의 날개 사이에서 빛나던 불은 세키나(shekinah), 곧 임재라 불렸다. 그리고 옛것이 새것에게 자리를 내어 주게 되었을 때 하나님은 오순절에 불길로 임하여 제자들 위에 머무셨다.

스피노자(Spinoza)는 하나님의 지적인 사랑에 대한 글을 썼다. 그 안에는 어느 정도의 진리가 담겨 있다. 그러나 하나님의 가장 높은 사랑은 지적인 것이 아니고 영적인 것이다. 하나님은 영이시기에 오직 인간의 영만이 하나님을 진정으로 알 수 있다. 인간의 깊은 영 속에는 그 불이 타고 있어야 한다. 그렇지 않다면 그의 사랑은 하나님의 진정한 사랑이 아니다.

하나님 나라에서 '큰 자'는 다른 사람들이 하나님을 사랑하는 것보다 더욱 하나님을 사랑하는 사람이다. 우리는 그런 사람들이 누구인지 알며, 그들이 행한 헌신의 깊이와 진지함에 기쁘게 찬사를 보낸다. 몇 분 동안만 생각해 보면 그런 이들의 이름이 상아궁에서 나오는 몰약과 침향과 계피의 향을 내면서 무리 지어 몰려와 우리를 지나칠 것이다. 나는 그중에서도 프레더릭 페이버를 꼽아 이야기하고자 한다.

페이버는 사슴이 시냇물을 찾기에 갈급함같이 하나님을 찾기에 갈급한 사람이었다. 그의 갈급한 마음에 하나님이 자신을 나타내 보여 주신 분량이 어찌나 컸던지, 보좌 앞에 있는 천사들의 경배에 필적할 만큼 그의 전 생애는 경배로 불붙었다. 하나님 한 분을 향한 그의 사랑은 세 위격에 대해 동등했지만, 각 위격을 향한 그의 마음은 다른 방식으로 표현되었다. 먼저 하나님 아버지에 대하여 그는 이렇게 노래한다.

> 단지 앉아서 하나님을 생각하는 것,
> 이 얼마나 큰 기쁨인가!
> 그분을 숙고하고, 그분의 이름으로 숨 쉬는 것,
> 이보다 더 큰 축복은 세상에 없네.
> 예수님의 아버지, 사랑의 상급이여!
> 그분의 보좌 앞에 엎드려 그분을 보고 또 보는 것,
> 이 얼마나 큰 즐거움인가!

그리스도에 대한 페이버의 사랑은 너무도 강렬해서 그 자신을 태울 지경이었다. 이 사랑은 페이버 안에서 향기롭고 거룩한

열정으로 타올라 그의 입으로부터 용해된 금처럼 흘러나왔다. 그는 설교 중에 다음과 같이 말했다.

"하나님의 교회에서 우리가 어디를 둘러보든지 그곳에는 예수님이 계십니다. 그분은 모든 것의 시작이요, 중간이요, 끝이십니다. 예수님 안에는 우리에게 좋지 않은 것, 거룩하지 않은 것, 아름답지 않은 것, 기쁨이 되지 않는 것이라고는 아무것도 없습니다. 누구도 가난할 필요가 없습니다. 예수님을 선택하기만 하면 그분을 자기의 재산이자 소유로 가질 수 있기 때문입니다. 누구도 비참할 필요가 없습니다. 예수님은 천국의 기쁨이시고, 예수님의 기쁨이 슬픈 마음들 속에 들어갈 것이기 때문입니다."

그는 이어서 이렇게 말한다. "우리는 많은 것을 과장할 수 있습니다. 그런데 예수님에 대한 우리의 의무나 우리를 향한 예수님의 온정 어린 사랑의 충만은 아무리 과장해도 부족합니다. 우리는 예수님에 대해 일생토록 이야기할 수 있을 것입니다. 그럼에도 그분을 묘사할 수 있는 아름다움의 극치에는 이르지 못할 것입니다. 그분의 모든 것을 알고, 그분이 하신 모든 것을 알고, 그분이 하신 모든 일로 인해 그분을 찬양하려면 아무리 긴 시간이 주어진다 해도 부족합니다. 그러나 이것은 문제가 안 됩니다.

왜냐하면 우리는 항상 그분과 함께 있을 것이며, 그것만으로 충분하기 때문입니다." 그리고 페이버는 우리 주님께 직접 말한다.

제가 당신을 이토록 사랑하며,
이 마음을 주체할 수 없나이다.
당신의 사랑은 불처럼 타올라
제 영혼 깊은 곳을 사르나이다.

페이버는 신학적으로 성령님의 신성, 아버지와 아들의 동등성을 인정했다. 그의 타오르는 사랑은 성령님께도 향했다. 하나님의 세 번째 위격을 열정 다해 경배할 때 그는 문자 그대로 이마를 땅에 대었다. 성령님께 드리는 위대한 찬송가 중 하나에서 그는 자신의 타오르는 마음을 다음과 같이 표현하고 있다.

아름답고 경외할 성령이시여!
불쌍한 죄인들을 위해 베푸신
당신의 부드러운 사랑으로
제 마음은 터질 듯합니다.

하나님은 굉장히 놀랍고 완전하며, 전적으로 즐거운 분이셔서 다른 어떤 것도 필요 없이 그분 자신만으로 우리 안의 가장 깊은 요구를 충족시키신다. 우리 본성이 아무리 신비롭고 깊다 해도 말이다.

나는 예리한 본보기를 사용해 바로 이 사실을 보여 주고자 페이버의 말을 인용했다. 앞서 살펴본 그의 찬탄들은 단순히 하나님을 교리적으로 아는 데서 나올 수 없다. 하나님을 향한 사랑으로 '터질 듯한 마음'은, 그분의 임재 안에서 뜬눈으로 신성의 위엄을 본 사람들의 것이다.

이 터질 듯한 마음을 가진 사람들에게는 보통 사람들은 알지 못하고 이해하지 못하는 특성이 있다. 그들은 하나님의 임재 안에 거하며, 그곳에서 본 것을 영적인 권위를 가지고 전한다. 바로 이 점에서 그들은 서기관이 아니라 선지자다. 서기관은 읽은 것을 말하는 사람이지만, 선지자는 자신이 본 것을 말하는 사람이기 때문이다. 서기관과 선지자 사이에는 바다같이 넓은 차이가 있는 것이다.

정통파 서기관들이 범람하는 오늘날, 선지자들은 어디에 있는가? 서기관들의 딱딱한 음성은 복음주의 전체에 울리고 있다.

그러나 교회는 찢어진 휘장 사이, 내적인 눈으로 하나님을 응시하고 있는 성도의 부드러운 음성을 기다린다. 거룩한 임재를 민감하고 생생하게 경험하는 성소로 들어가는 일은 하나님의 모든 자녀에게 열려 있는 특권이다.

예수님의 몸이 찢기심으로 휘장이 제거되었기 때문에 이제 하나님께 나아가는 길을 막는 것은 없다. 그런데 우리는 밖에서 머무는 데 만족하며 그곳에 들어가려 하지 않는다. 우리는 신랑이 말하는 소리를 듣는다. "내가 네 얼굴을 보게 하라 네 소리를 듣게 하라 네 소리는 부드럽고 네 얼굴은 아름답구나"(아 2:14). 이것이 우리를 향한 부름이라고 느끼지만 여전히 가까이 가지는 못한다. 세월이 지나 우리는 늙고, 성막의 바깥뜰에 머무는 일이 지겨워질 것이다.

그렇다면 과연 무엇이 우리를 막고 있는가? 보통은 우리의 냉랭함이라고 말한다. 그러나 이 대답만으로는 충분하지 않다. 냉랭함보다 좀 더 심각한 원인이 있다. 바로 우리의 마음속에 휘장이 존재한다는 사실이다. 성전의 처음 휘장은 이미 제거되었지만 이 휘장은 우리 안에 여전히 남아 있어서 빛을 가리고 하나님의 얼굴을 숨기고 있다. 이것은 우리 안에서 심판되지도, 십자가에 못 박히지도, 부정되지도 않은 채 육적으로 살고 있는 타락한 우리의 성품이다.

또한 우리가 솔직히 인정해 본 적이 없고 부끄럽게 생각해 왔기에 결코 십자가의 심판으로 끌고 간 적이 없는 '자기 목숨'이라는 촘촘히 짜인 휘장이다. 이 휘장은 그렇게 신비스럽지도, 알아보기에 너무 어렵지도 않다. 마음속을 들여다보기만 하면 우리는 거기에서 영적 성장을 효과적으로 방해하는 원수인 그 휘장을 보게 될 것이다.

인간 내면의 휘장에 대한 이야기는 아름답거나 즐거운 주제가 아니다. 그러나 나는 하나님을 따르기로 결심한 갈급한 영혼들에게 말하고 있다. 그들은 일시적으로 어두운 언덕을 통과한다고 해서 돌아서지 않는다. 그들이 하나님을 계속 추구하도록 하나님 자신이 그들 안에서 강권하며 용기를 주시기 때문이다. 아무리 불쾌하더라도 그들은 사실을 직면할 것이고, 앞에 놓인 즐거움을 위하여 십자가를 참을 것이다.

그러므로 나는 이 휘장을 이루는 실들의 이름을 감히 언급해 보겠다. 자아의 죄들은 자기 의, 자기 동정, 자신감, 자기 충족, 자기 감탄, 자기 사랑과 같은 수많은 것들이다. 이것들은 우리 안에 너무 깊이 자리 잡고 있으며 이미 우리의 일부가 되었다. 따라서 하나님의 빛이 그것들 위에 초점을 맞추어 비추기 전에는 우리의 주의를 끌기가 어렵다.

그리스도를 높인다고 가장하며 자기를 높이는 일은 아주 흔해져 이제 아무렇지도 않게 느껴진다. 자기중심주의, 자기 선전주의, 자기 높임과 같은 죄들은 정통주의 집단의 기독교 지도자들 사이에서조차 이상하게 묵인되고 있다. 이는 너무 공공연해서 많은 사람이 복음도 그러한 것이라고 생각하게 만들었다.

인간은 타락하였으며 그리스도의 의를 통해서만 의롭다 함을 얻을 수 있다. 이를 가르치는 것이 우리를 자아의 죄들로부터 건져 주리라 생각하지만 실제로는 그렇지 않다. 자아는 힐책받지 않은 채 그대로 살아갈 수 있기 때문이다. 피 흘리는 희생 제물인 예수님의 죽으심을 보면서, 보는 바에 조금의 영향도 받지 않을 수 있다. 우리의 자아는 종교 개혁자들의 신앙과 함께 싸우고 은혜로 말미암는 구원의 교의를 웅변적으로 설교하면서, 오히려 자신의 노력으로 힘을 얻으려 할 수도 있다.

실제로 그 자아는 정통(orthodoxy)을 먹고 자라는 듯하고 술집보다는 교회 수련회에서 좀 더 편안함을 느끼는 듯하다. 심지어 하나님을 갈망하는 마음조차 우리의 자아를 먹이고 번성시키는 훌륭한 환경이 되어 버릴 수 있다.

자아는 하나님의 얼굴을 가리는 불투명한 휘장이다. 이 휘장을 단순한 교훈이나 지식만으로 제거하려는 것은 한센병을 어떤 가르침으로 고치려는 것이나 마찬가지다. 우리가 자유롭게 되기 위해서는 하나님이 우리 안에 있는 죄악을 파괴하셔야 한다. 그러려면 우리 안에 십자가를 초대해야 한다. 그리고 자아의 죄들을 십자가로 끌고 가 심판을 받도록 해야 한다. 구세주가 본디오 빌라도에게 고난을 당하셨을 때 겪었던 것과 비슷한 고통의 시련을 받을 수 있도록 자신을 준비시켜야 한다.

다음의 사실을 기억하도록 하자. 지금 내가 비유를 들어 이야기하는 '휘장을 치우는 것'은 시적이고 아름답게 느껴진다. 그러나 실제로는 전혀 유쾌하지 않다. 이 휘장은 살아 있는 영적 직물로 만들어졌으며, 감각을 느끼고 떨리는 실체로 짜여졌다. 따라서 휘장을 건드리는 일은 아픔을 느끼는 우리 자신을 건드리는 것이다. 휘장을 치우는 일은 우리를 상하게 하고 피 흘리게 하는 것이다. 이렇게 말하지 않고 다르게 말한다면 십자가를 십자가 아닌 것으로, 죽음을 죽음이 아닌 것으로 만들게 된다.

죽음은 결코 장난이 아니다. 삶을 이루고 있는 사랑스럽고 부드러운 것들이 찢기는 일은 몹시 고통스럽다. 그러나 이는 십자가가 예수님께 행한 일이었고, 십자가가 사람들을 자유롭게 하기 위하여 행하는 일이다.

우리는 스스로의 힘으로 휘장을 찢고자 자기의 내적 생명을 어설프게 만지작거리지 않도록 주의해야 한다. 하나님 한 분만이 이 일을 이루실 수 있기 때문이다. 우리 편에서 할 일은 항복하고 의탁하는 것이다. 우리는 자기 목숨을 버리고 부인하며 자아를 십자가에 못 박아야 한다.

그런데 우리는 자아가 십자가에 못 박혔다는 말끔한 교리에 동의하는 것만으로 감히 만족하고 쉬어서는 안 된다. 이는 사울과 같이 하나님의 명령을 어기고 가장 좋은 양과 소를 남겨 두는 일이다(삼상 15:9). 적당히 인정하고 마는 것과 하나님의 진정한 역사를 분별하여, 우리 안에 하나님의 역사가 이루어지기를 끝까지 구해야 한다.

그 일이 진정 이루어지도록 고집하라. 그러면 그렇게 될 것이다. 십자가는 거칠고 치명적이지만 효력이 있다. 십자가는 희생물을 영원히 매달아 두지 않는다. 고통스러워하던 희생 제물이

죽은 후에 부활의 영광과 능력이 있다. 휘장이 걷히며 살아 계신 하나님의 임재 안으로 들어가게 된 기쁨으로 인해 모든 고통은 잊힐 것이다.

PRAY

주여, 당신의 길은 얼마나 훌륭하고
인간의 길은 얼마나 굽고 어두운지요.
우리가 새로운 삶을 살도록 죽는 법을 가르쳐 주소서.
주님께서 성전의 휘장을 찢으셨듯이
'자기 목숨'이라는 우리의 휘장을
위에서 아래로 찢어 주소서.
믿음의 확신으로 주님께 가까이 가겠습니다.
우리가 하늘나라에서 주님과 거하게 될 때에
그 영광에 익숙한 자로 설 수 있도록 이 세상에서도
당신과 함께하는 삶을 매일 경험하게 하소서.
예수님의 이름으로 기도합니다. 아멘.

04
•

하나님을 아는 것

여호와의 선하심을
맛보아 알지어다
(시 34:8)

A. W. TOZER

인도의 캐넌 홈즈(Canon Holmes)는 하나님에 대한 사람들의 신앙이 추론적이라는 사실을 환기시킨 바 있다. 대부분의 사람에게 하나님은 실재가 아니라 추측의 대상이며, 자신이 타당하다고 생각하는 증거에서 끌어낸 어떤 결론이다. 그래서 그들에게 하나님은 개인적으로 알려지지 않은 존재로 남아 있다. 그들은 단순히 "하나님은 존재해야만 하기에 우리는 하나님이 실존한다고 믿는다"라고 말한다.

어떤 사람들은 이만큼도 나아가지 못하고 오직 풍문에 의해서만 하나님을 알고 있다. 그들은 스스로 하나님에 관해 생각해 보려 한 적도 없다. 하나님에 대해 들은 후, 그분에 대한 신앙을 온갖 잡동사니와 함께 마음의 뒷전으로 몰아넣어 버린다. 많은 사람에게 하나님은 이상이거나 진선미의 다른 이름이거나 법, 생명, 현상 뒤에 있는 창조적 추진력일 따름이다.

하나님에 대한 이러한 생각을 가진 사람들에게 관찰되는 한 가지 공통점이 있다. 개인적인 경험으로 하나님을 알지 못한다는 점이다. 친밀하게 하나님과 교제할 수 있다는 가능성은 그들의 마음에 떠오른 적이 없다. 그들은 하나님의 존재를 인정하면서도, 사물이나 사람을 알 듯이 하나님을 알 수 있다고는 생각하지 않는다.

그리스도인이라면 이론적으로라도 분명히 이들보다는 앞서 있다. 교의는 하나님의 인격을 믿으라고 요구하며, "하늘에 계신 우리 아버지"라고 기도하도록 가르친다. 여기에 나타난 하나님의 인격성과 아버지 되심은 그분과 개인적 사귐이 가능하다는 점을 시사한다. 이는 이론적으로도 인정받는 사실이다. 그럼에도 불구하고 수백만의 그리스도인에게 하나님은 비그리스도인에게와 마찬가지로 실재적이지 않다. 그들은 일생 내내 한 이상을 사랑하며 원리에 지나지 않는 것에 충성하려고 노력한다.

이러한 모든 막연함에 대항하여 하나님을 개인적인 경험으로 알 수 있다는 명확하고 성경적인 교리가 있다. 한 사랑의 인격이 성경이라는 정원을 지배하고 그 정원의 나무 사이를 거닐며 각 장에 향기를 불어넣으신다. 살아 계신 인격은 항상 말씀하시고 변호하시고 사랑하시고 일하시며, 그분을 경험하려는 마음을 가진 사람들에게 언제나 나타내 보이신다.

성경은 우리가 다른 사람이나 사물을 알 때와 마찬가지로 하나님을 친밀하게 알 수 있다는 사실을 명백히 밝히고 있다. 눈에 보이는 사물을 감각으로 느끼고 안다는 것을 표현할 때 쓰이는 용어들이, 하나님을 안다는 것을 표현할 때도 쓰인다.

"여호와의 선하심을 맛보아 알지어다"(시 34:8), "왕의 모든 옷은 몰약과 침향과 육계의 향기가 있으며"(시 45:8), "내 양은 내 음성을 들으며"(요 10:27), "마음이 청결한 자는 복이 있나니 그들이 하나님을 볼 것임이요"(마 5:8). 이 성구들은 하나님의 수없이 많은 말씀 가운데서 단지 네 구절만을 인용한 것이다. 그리고 하나님을 친밀하게 알 수 있음을 증명해 주는 성구들보다 더 중요한 것은, 성경 전체가 자연스럽게 이러한 사실에 대한 믿음을 전제로 하고 있다는 점이다.

이는 우리가 오감을 통하여 물질세계를 아는 것처럼 우리 마음속에도 하나님을 아는 데 필요한 기관이 있다는 뜻 아닐까? 우리는 육적 기능을 목적대로 사용하여 물질세계를 안다. 마찬가지로 우리는 영적 기능을 소유하고 있어서, 성령님의 강권에 순종하고 그 기능을 사용하기 시작한다면 하나님과 영적 세계를 알 수 있다. 물론 우리 안에 구원받는 역사가 먼저 있어야 한다.

중생하지 않은 사람의 영적 기능은 그의 성품 안에 잠들어 있으며, 목적대로 사용되지 않은 채 죽어 있다. 이것이 죄가 우리에게 입힌 타격이다. 하지만 그 기능은 중생시키는 성령님의 역사에 의해 다시 생명력을 얻을 수 있다. 이는 십자가에 달리신 그리스도의 구속으로 인해 우리에게 주어진 측량할 수 없는 유익 중 하나이다.

그런데 구속받은 하나님의 자녀들은 왜 성령님이 끊임없이 제공하시는 하나님과의 교제에 대해 조금밖에 알지 못하는가? 바로 우리의 만성적인 불신 때문이다. 영적 감각을 작동케 하는 것은 믿음이다. 믿음의 결여는 영적인 것에 대한 내적 둔감과 무감각으로 이어진다. 이것이 오늘날 수많은 그리스도인의 상태이다. 우리가 처음 만나는 그리스도인과 대화하거나 처음 발견한 교회에 들어가 보면 이에 대한 증거를 얻을 수 있다.

영적 세계는 우리 주위에서 우리를 둘러싼 채, 내적 자아가 미칠 수 있는 범위에서 우리가 그 세계를 인지하기만을 기다리고 있다. 하나님이 우리가 그분의 임재에 응답하기를 기다리며 여기 계신다. 이 영원한 세계는 그 '실재'를 '믿기' 시작하는 순간 우리에게 생생하게 나타난다.

나는 방금 정의를 내릴 필요가 있는 두 단어를 사용했다. 만약 정의를 내리는 것이 불가능하다면 적어도 내가 그 단어들을 사용할 때 무슨 의미로 사용했는지는 명확히 해야 할 것이다. 그 단어는 "실재(reality)"와 "믿다(reckon)"이다.

실재란 우리가 떠올릴 수 있는 다른 어떤 개념과도 독립되게 존재하는 것, 즉 아무도 그것에 관해 생각하지 않을지라도 존재하는 것을 의미한다. 실재하는 것은 자신 안에 존재를 가지며 그 존재의 정당성은 관찰자에 의존하지 않는다.

'실재'에 대한 일반 개념을 비웃는 사람들이 있다. 그들은 지성 이외에는 아무것도 실재하는 것이 없다는 증명을 끝없이 늘어놓는 이상주의자들이다. 또한 그들은 우주 안에 고정된 지점이 없음을 보여 주기 좋아하는 상대주의자들이다. 이들은 높은 지성의 산꼭대기에서 우리를 내려다보며 비웃고, "절대론자"라는 비난조의 호칭을 붙여 줌으로써 스스로 만족한다.

그리스도인은 이러한 조소에 당황하지 않는다. 이들은 단 한 분의 절대자인 하나님이 계시며 그분이 사람들의 소용에 맞게 세상을 만드셨다는 사실을 알기 때문이다. 하나님 외에는 고정되거나 실재적인 것이 없다는 사실에도 불구하고, 인간 삶을 위한 모든 실용적인 목적에서 마치 그런 것이 존재하는 듯이 여기고 행동할 뿐이다. 이 불운한 사람들은 실재와 씨름하지만 바로 이 부분에서 나름의 일관성이 있다. 그들은 자신이 인식하는 세계관에 따라 살기를 고집한다. 그들은 정직하다. 그런데 이 정직함이 사회적 문제를 일으킨다.

그러나 이상주의자와 상대주의자는 그들이 이론적으로 거부하는 바로 그 개념에 의거해 살아감으로써, 그들이 없다고 증명하는 고정된 지점에 의존함으로써 오히려 자신의 건전함을 증명한다. 만약 그들이 자신의 이론대로 기꺼이 살려 한다면 그들의 사상은 훨씬 더 많은 사람에게 존경을 받을 것이다. 하지만 그들은 그렇게 살지 않는다. 그들의 사상은 머리의 깊이까지는 미치지만, 삶의 깊이까지는 미치지 못한다. 그들은 자신의 이론을 부인하고 다른 이들과 같은 삶을 사는 것이다.

그리스도인은 진지하기 때문에 신념을 가지고 장난하지 않는다. 이들은 단지 남들에게 과시하기 위해 거미줄 치듯 장황하게 이야기를 늘어놓는 데 흥미를 느끼지도 못한다. 그들의 모든 믿음은 실제적이다. 그것은 톱니바퀴처럼 그들의 삶에 맞물려 있다. 그들은 믿음에 의해 살고 죽으며, 서거나 쓰러진다.

성실하고 평범한 그 사람들은 세상이 실재임을 안다. 잠에서 깨어날 때마다 세상의 존재를 발견하며 세상이 자신의 생각으로 만들어진 것이 아님을 안다. 그들이 세상에 있기 전부터 이 세상은 그들을 기다렸고, 그들이 세상을 떠날 때에도 이 세상은 그들을 배웅할 것이다. 인생에 대한 심오한 지혜로 인해 그들은 의심하는 수천의 사람보다 더 지혜롭다.

그들은 땅 위에 서서 얼굴로 바람과 비를 느끼며 그것들이 실재임을 안다. 그들은 낮의 해와 밤의 별을 본다. 그들은 천둥 치는 검은 구름에서 발하는 뜨거운 불꽃을 본다. 그들은 자연의 소리, 인간이 내는 기쁨과 고통의 소리를 들으며 이것들이 실존함을 안다. 또한 밤기운으로 차가워진 대지 위에 누워서 자는 동안 세상이 환영이라고 밝혀지거나 사라질까 봐 두려워하지 않는다. 아침마다 단단한 대지가 자신의 밑에, 푸른 하늘이 자신의 위에, 바위와 나무가 자신의 주위에 있을 것이라고 믿기 때문이다. 이렇게 그들은 실재의 세계 안에서 즐기며 살아간다.

오감을 가지고 실재하는 세상에서 살아가는 사람들은, 자기를 창조하시고 이 세상에 두신 하나님이 주신 기능으로 육체에 필요한 모든 것을 감지한다. 이제 우리의 정의에 따르면 하나님은 실재하신다. 그분은 절대적이고 궁극적인 의미에서 실재하시며 다른 어떤 것도 이러한 실재성을 갖지 않는다. 이 위대한 실재는 우리를 포함한 모든 피조물을 창조한 하나님이시다. 하나님은 우리가 그분에 관해 가질 수 있는 어떠한 개념과도 구별된 객관적 존재이시다. 예배하는 마음이 그 대상을 만들어 내는 것이 아니라, 중생을 통해 마음이 도덕적 잠에서 깨어날 때 그분을 발견하게 되는 것이다.

다음으로 명확히 밝혀야 할 단어는 '믿다'이다. 이것은 마음에 그리거나 상상한다는 의미가 아니다. 믿음은 상상과 다르다. 둘은 서로 다를 뿐 아니라 날카로운 대립의 위치에 있다. 상상은 마음에서 투영해 낸 실재하지 않는 형상에 실재성을 부여하는 것이다. 하지만 믿음은 만들어진 대상이 아니라, 이미 있는 대상을 믿는 것이다.

하나님과 영적 세계는 실재한다. 우리는 주위에 있는 친숙한 세계를 믿을 때와 같은 확신을 가지고 이 사실을 믿을 수 있다. 영적인 실재는 바로 여기에 있고, 우리의 주의를 끌며 우리의 믿음을 요구한다. 문제는 우리 스스로 옳지 않은 사고 습관을 형성해 왔다는 것이다. 우리는 눈에 보이는 세계만을 실재적이라고 여기며 보이지 않는 세계의 실존은 의심한다. 혹은 영적 세계의 존재를 부인하지는 않으나 통용되는 의미에서 볼 때 그것이 실제로 존재하는지 의심한다.

보이는 세계는 일생 내내 우리에게 덮쳐 온다. 이 세계는 강렬하고 끈덕지며 자기 선전적이다. 이것은 우리의 믿음에 호소하지 않고 우리의 오감을 공격해 들어와, 실재적이며 궁극적인 것으로 받아들여지기를 요구한다. 그런데 죄가 우리 마음의 렌즈를 너무 흐리게 했기 때문에 우리는 주위에서 빛나는 다른 실재, 즉 '하나님의 도성'(City of God)을 볼 수 없다. 보이는 세계가 승리를 거두고 마는 것이다. 보이는 세계는 보이지 않는 세계의 적이 되며 일시적인 것은 영원한 것의 적이 된다. 이것이 아담의 모든 자손에게 계승된 비극적인 저주이다.

그리스도인의 삶은 보이지 않는 것을 향한 믿음에 기초한다. 그가 믿는 대상은 보이지 않는 실재이다. 우리의 눈먼 마음과 보이는 것들에 영향을 받은 사고는, 영적인 것과 실재하는 것 사이에 대조를 이끌어 내려는 경향이 있다. 하지만 이 둘 사이에는 대조가 존재하지 않는다. 사실 대조는 실재하는 것과 상상하는 것 사이에, 영적인 것과 물질적인 것 사이에, 일시적인 것과 영원한 것 사이에 있다. 이 대조는 영적인 것과 실재하는 것 사이에는 결코 존재하지 않는다. 영적인 것은 곧 실재하기 때문이다.

만일 우리가 진리의 성경을 통해 명백하게 우리를 부르는 빛과 능력에 나아가려 한다면, 영적인 것을 무시하는 나쁜 습관을 깨뜨려야만 한다. 우리의 관심을 보이는 것에서 보이지 않는 것으로 옮겨야만 한다. 하나님은 보이지 않는 위대한 실재이시기 때문이다. "하나님께 나아가는 자는 반드시 그가 계신 것과 또한 그가 자기를 찾는 자들에게 상 주시는 이심을 믿어야 할지니라"(히 11:6). 이것이 신앙생활의 기초이다. 우리 주 예수 그리스도는 "하나님을 믿으니 또 나를 믿으라"(요 14:1)라고 말씀하신다. 첫 번째 믿음 없이 두 번째 믿음은 있을 수 없다.

진정 하나님을 따르기 원한다면 천국을 추구해야 한다. 이렇게 말하면서도 나는 이 천국이라는 말을 세상의 아들들이 경멸조로 사용하며, 비난할 의도로 그리스도인에게 붙였다는 것을 잘 알고 있다. 그러나 모든 사람은 각각 자신의 세계를 선택해야 한다. 만약 그리스도를 따르는 우리가 앞에 있는 모든 사실에도 불구하고 의도적으로 하나님 나라를 선택한다면, 누구도 반대할 이유가 없다.

이 선택 때문에 우리가 무엇을 잃는다면 그 손실은 우리 것이요, 무엇을 얻는다 해도 누군가에게서 강탈하는 게 아니니 문제 삼을 것이 없다. 세상에서 경멸의 대상이 되고 술 취한 사람의 조롱거리가 되는 '천국'이 우리의 가장 거룩한 바람이자 우리가 조심스럽게 선택한 목표이다.

우리는 천국을 미래로만 몰아넣는 흔한 오류를 피해야 한다. 그것은 미래이기도 하지만 또한 현재이다. 우리는 물질세계에서 천국을 산다. 이 두 세계 사이의 문은 열려 있다. 히브리서 저자는 현재 시제로 이렇게 말한다. "그러나 너희가 이른 곳은 시온 산과 살아 계신 하나님의 도성인 하늘의 예루살렘과 천만 천사와 하늘에 기록된 장자들의 모임과 교회와 만민의 심판자이신 하나님과 및 온전하게 된 의인의 영들과 새 언약의 중보자이신 예수와 및 아벨의 피보다 더 나은 것을 말하는 뿌린 피니라"(히 12:22-24). 이 모든 것은 '만질 수 있는 산'(18절), '나팔 소리와 말하는 소리'(19절)와 대조를 이루고 있다.

시내산이 실재한다고 지각으로 이해할 수 있듯이, 시온산도 실재한다고 영으로 파악할 수 없겠는가? 이것은 상상의 속임수가 아니며 명백한 실재이다. 영은 볼 수 있는 눈과 들을 수 있는 귀를 가지고 있다. 비록 오랫동안 사용하지 않아서 연약할지 모르나, 생명을 주시는 그리스도의 손길이 닿을 때 다시 살아나 가장 세밀하게 보고 가장 예민하게 듣게 된다.

하나님께 초점을 맞추기 시작할 때 영의 사실들이 우리 눈앞에 모습을 나타낼 것이다. 그리스도의 말씀에 순종하는 것이 하나님의 내적 계시를 가져다줄 것이다(요 14:21-23). 약속하신 대로 마음이 청결한 자에게 하나님을 볼 수 있는 날카로운 지각도 주실 것이다(마 5:8).

또한 하나님을 의식하는 새로운 습관이 우리를 사로잡게 되며, 우리의 생명이자 모든 것 되시는 하나님을 맛보고 듣고 내적으로 느끼게 될 것이다. 모든 사람을 비추는 빛이 끊임없이 빛나는 모습을 보게 될 것이다. 영적 기능이 예민해지고 확실해짐에 따라 위대하신 하나님은 우리에게 전부가 되고, 그분의 임재는 우리 삶의 영광과 경이가 될 것이다.

PRAY

하나님, 제 안의 모든 능력이 살아나
영원한 것들을 붙잡게 하소서.
저의 눈을 열어 보게 하시고
날카로운 영적 지각을 주시며
주님을 맛보고 주님의 선하심을 알게 하소서.
세상 것들보다 하나님 나라가
더 실재적이 되도록 하여 주소서.
예수님의 이름으로 기도합니다. 아멘.

05

우주적 임재

내가 주의 영을 떠나 어디로 가며
주의 앞에서 어디로 피하리이까
(시 139:7)

A. W. TOZER

여기 하나의 진리가 있다. 기독교의 기본을 이루는 모든 진리에 필수적이며, 주장되기보다는 추정되고 감추어져 있다. 이것은 바로 '하나님의 편재하심'이다.

하나님은 자신이 창조하신 모든 작품 가운데 어느 곳에나 존재하신다. 이 사실은 선지자들과 사도들이 담대히 가르친 것으로, 일반적으로 받아들여지는 기독교 교리이다. 하지만 어떤 이유에서인지 그 사실이 그리스도인들의 마음속에 잠겨 들지는 않았다. 기독교 교사들은 그것을 충분히 말하기를 부끄럽게 여기고, 그것을 언급했다 할지라도 별 의미가 없다는 듯 넘어가 버린다. 나는 이 이유가 그들이 범신론자라고 비난받을까 봐 두려워하기 때문이라고 생각한다. 그러나 하나님이 편재하신다는 교리는 범신론과 전적으로 다른 것이다.

범신론의 오류는 너무도 뚜렷해서 아무도 속이지 못한다. 범신론은 하나님을 모든 피조물의 총합이라고 한다. 자연과 하나님은 하나이므로 잎사귀라도 만진 사람은 하나님을 만진 것이다. 이러한 관념은 부패하지 않는 하나님의 영광을 타락시키는 것으로, 모든 것을 신성시하려고 노력하다가 세상으로부터 신성을 완전히 떨어트리게 된다.

진리는, 하나님이 그분의 세계 안에 거하시지만 그 세계와는 영원히 건널 수 없는 심연으로 분리되어 계시다는 것이다. 그분이 자신의 작품들과 얼마나 가깝게 동일시되든지 간에 그것들은 영원히 그분과 같아질 수 없다. 그리고 하나님은 그것들보다 앞서 계시고 그것들로부터 독립적이시며, 이는 명백한 사실이다. 하나님은 자신의 모든 작품 안에 편재하실지라도 그것들 위에 뛰어나시다.

그러면 진정한 그리스도인의 체험에서 하나님의 편재하심은 무엇을 의미하는가? 그것은 '하나님이 여기 계시다'는 의미이다. 우리가 어디에 있든지 하나님은 거기 계신다. 그분이 계시지 않는 장소는 아무 데도 없고, 있을 수도 없다. 어느 한 점도 다른 점들보다 하나님과 더 가까울 수 없다. 하나님은 어느 한 장소나 다른 장소와도 동일하게 가까운 거리에 계신다. 단순히 거리 면에서는 어느 누구도 다른 사람들보다 하나님과 가까이 있거나 멀리 있을 수 없다.

이것이 가르침을 받은 모든 그리스도인이 믿는 진리이다. 우리에게 주어진 과제는 이 진리가 우리 안에서 빛을 발하기 시작할 때까지 그것에 관해 생각하고 기도하는 일이다.

"태초에 하나님이"(창 1:1). 하나님은 물질이 아니시다. 물질은 자신의 원인이 되지 못하기 때문이다. 물질은 그것에 앞서는 원인이 있어야 하는데, 하나님이 그 원인이시다. 또한 그분은 법이 아니시다. 법은 모든 피조물이 따라야 할 진로의 이름일 뿐이기 때문이다. 그 진로도 누군가에 의해 세워져야 하는데, 그것을 세운 이가 하나님이시다. 그분은 지성도 아니시다. 지성 역시 피조물로서 창조주가 있어야 하기 때문이다. 태초에 물질과 법과 지성의 원인이 되시며, 원인이 없는 원인이신 하나님이 계셨다. 우리는 바로 여기에서 시작해야 한다.

죄를 범한 아담은 공포 가운데서 미친 듯이 불가능한 일을 하려 했다. 즉, 그는 하나님의 임재로부터 숨으려고 애썼다. 다윗이 "내가 주의 영을 떠나 어디로 가며 주의 앞에서 어디로 피하리이까"(시 139:7)라고 말한 것을 보면 그 역시 하나님의 임재로부터 피하려는 무모한 생각을 했음에 틀림없다. 그러고 나서 다윗은 그의 가장 아름다운 시편 중 하나에서 하나님의 편재하심을 찬양했다. "내가 하늘에 올라갈지라도 거기 계시며 스올에 내 자리를 펼지라도 거기 계시니이다 내가 새벽 날개를 치며 바다 끝에 가서 거주할지라도 거기서도 주의 손이 나를 인도하시며 주의 오른손이 나를 붙드시리이다"(8-10절). 다윗은 '하나님의 계심'(God's being)과 '하나님의 보심'(God's seeing)이 같은 것임을 알았고, 그가 태어나기 전부터 이 임재가 아직 펼쳐지지 않은 생의 신비를 보시며 함께 계셨다는 것을 알았다.

솔로몬은 감탄하여 말했다. "하나님이 참으로 땅에 거하시리이까 하늘과 하늘들의 하늘이라도 주를 용납하지 못하겠거든 하물며 내가 건축한 이 성전이오리이까"(왕상 8:27). 바울은 다음과 같이 아덴 사람들에게 확언했다. "그는 우리 각 사람에게서 멀리 계시지 아니하도다 우리가 그를 힘입어 살며 기동하며 존재하느니라"(행 17:27-28).

하나님이 우주의 모든 점에 계시다면 우리는 그분이 계시지 않는 곳에 갈 수 없고, 그분이 계시지 않는 곳을 생각할 수도 없다. 그런데 왜 사람들은 하나님의 임재를 분명한 사실로 받아들이지 못하는가? 야곱은 '황폐하고 황량한 광야에서' 그 질문에 답한다. 그는 하나님의 모습을 보고 경이 가운데서 외쳤다. "여호와께서 과연 여기 계시거늘 내가 알지 못하였도다"(창 28:16). 야곱은 삶의 분기점에 거한 일순간에도 전체에 퍼져 있는 하나님의 임재 밖으로 나간 적이 없었다. 그러나 그는 이 사실을 알지 못했다. 바로 이 점이 그의 문제였고, 우리의 문제이다. 사람들은 하나님이 여기에 계시다는 것을 모른다. 만약 그들이 이 사실을 안다면 얼마나 큰 변화가 있을까?

임재와 임재의 나타남은 같지 않다. 둘 중 하나가 없어도 다른 하나가 존재할 수 있다. 하나님이 이곳에 계심을 우리가 전적으로 알지 못할 때에도 그분은 이곳에 계신다. 그러나 우리가 하나님의 임재를 알 때 그분은 명백해진다. 이를 위해 우리는 성령님께 항복해야 한다. 아버지와 아들을 우리에게 보여 주시는 것이 성령님의 일이기 때문이다. 우리가 사랑으로 복종해서 하나님과 협력한다면, 하나님은 우리에게 자신을 나타내실 것이다. 그리고 이 나타남은 이름뿐인 그리스도인의 생활과 하나님의 얼굴빛으로 빛나는 생활을 가르는 기준이 된다.

하나님은 항상 모든 곳에 계시며, 항상 자신을 보여 주려 애쓰신다. 그분은 각 사람에게 자신의 존재뿐 아니라 자신이 어떠한지도 보여 주려 하신다. 모세에게도 마찬가지였다. "여호와께서 구름 가운데에 강림하사 그와 함께 거기 서서 여호와의 이름을 선포하실새"(출 34:5). 하나님은 자신의 성품을 말로 표현하셨을 뿐 아니라 자신을 모세에게 나타내심으로 그의 얼굴이 초자연적인 빛으로 빛나게 하셨다. 하나님이 자신을 나타내시겠다고 하신 약속이 문자 그대로 사실임을 믿기 시작할 때, 즉 그분이 많은 것을 약속하셨으며 약속하신 것은 반드시 지키심을 믿기 시작할 때 우리는 굉장한 순간을 맞이하게 될 것이다.

하나님을 추구하는 일이 성취될 수 있는 이유는, 하나님이 우리에게 자신을 나타내려고 언제나 애쓰시기 때문이다. 하나님이 어떤 사람에게 나타나실 때에는 그 사람의 영혼에 잠깐 방문하려고 먼 곳에서 오시는 것이 아니다. 그렇게 생각하는 것은 전적인 오해다. 하나님이 인간에게로 또는 인간이 하나님께로 접근하는 것을 공간적 의미로 이해해서는 안 된다. 그것에 물리적 거리의 관념은 포함되지 않기 때문이다. 그것은 거리의 문제가 아니라 경험의 문제다.

'하나님께로 가까이' 혹은 '하나님으로부터 멀리'라는 말은 인간관계에서 적용되는 것과 같은 의미로 이해해야 한다. 어떤 사람이 이렇게 말할 수 있다. "나는 내 아들이 자랄수록 나와 점점 가까워진다고 느껴." 하지만 그 아들은 태어난 이후로 줄곧 아버지 곁에서 살았고 하루도 집을 떠난 적이 없다. 그러면 아버지의 말이 의미하는 바는 무엇인가? 그는 '경험'에 대해 말하는 것이다. 아들이 좀 더 깊은 이해를 가지고 아버지를 알게 되어서 둘 사이를 가로막던 생각과 감정의 장벽이 사라지며, 두 사람이 마음과 정신적으로 좀 더 가깝게 연합되고 있다는 의미이다.

이와 같은 맥락에서 "복되신 주여, 나를 더 가까이 이끄소서"라고 노래할 때 우리는 공간적 가까움이 아니라 관계적 가까움을 생각한다. 우리가 기도하는 것은 하나님을 좀 더 알기 위함이요, 하나님의 임재를 좀 더 의식하기 위함이다. 존재하지 않는 하나님께 공간을 가로질러 소리칠 필요는 없을 것이다. 그러나 하나님은 우리 자신의 영혼보다, 우리의 가장 비밀한 생각보다 더 가까이 계신다.

왜 어떤 사람들은 하나님을 '발견'하는 반면, 다른 사람들은 그렇지 못하는가? 왜 하나님은 어떤 이들에게는 자신의 임재를 나타내시면서, 다른 수많은 사람은 불완전한 그리스도인의 경험 속에서 고투하게 내버려두시는가? 물론 모두를 위한 하나님의 뜻은 동일하다. 하나님은 그분의 가족 중에 누군가를 더 총애하시지 않는다. 따라서 그 차이는 하나님께 있는 것이 아니라 우리에게 있는 것이다.

널리 알려진 위대한 사람 이십 명을 임의로 뽑아 보라. 성경의 인물이건 성경 시대 후에 잘 알려진 그리스도인이건 상관없다. 그러면 그들이 서로 같지 않다는 사실을 알게 될 것이다. 그중에는 너무도 달라서 현저히 눈에 띄는 이들도 있다. 예를 들어 모세는 이사야와 얼마나 다른가? 엘리야는 다윗과 얼마나 다르며 요한과 바울, 성 프란체스코(St. Francis)와 루터, 피니와 토마스 아 켐피스는 얼마나 다른가? 이들은 인종, 국적, 성격, 습관, 개인적 특성 등 모든 면에서 다르지만 당대에 평범한 사람들보다 훨씬 높은 영적 고도(high road)를 걸었다는 점에서 공통된다.

그들 사이의 차이점은 하나님이 보시기에 전혀 중요하지 않았다. 어떤 면에서 그들은 틀림없이 같았기 때문이다. 그것은 무엇이었을까? 그들이 공통적으로 갖고 있었던 한 가지 중대한 자질은 '수용하는 영적 태도'였다. 그들 안의 무엇인가가 하늘을 향해 열려 있었고 그들이 하나님께로 향하도록 강권했다.

그리고 그 위대한 사람들은 영적 자각을 가지고 있었으며, 그것을 계속해서 연마했다. 그들은 내적 갈망을 느꼈을 때 그 갈망을 내버려두지 않고 무언가를 했다는 점에서 보통 사람들과 다르다. 그들은 평생토록 하나님께 영적으로 반응하는 습관을 길러 내며 그분의 거룩한 비전에 반항하지 않았다. 다윗은 간결하게 다음과 같이 말했다. "너희는 내 얼굴을 찾으라 하실 때에 내가 마음으로 주께 말하되 여호와여 내가 주의 얼굴을 찾으리이다 하였나이다"(시 27:8).

인생의 모든 좋은 것이 그렇듯, 이 수용성 뒤에도 하나님이 계신다. 하나님의 주권이 여기에 있다. 신학적으로 이것에 특별한 강조를 두지 않은 사람들조차 느끼게 되는 것이다. 미켈란젤로(Michelangelo)는 그의 소네트에서 이렇게 고백했다.

> 도움을 받지 못한 내 마음은 불모의 흙이기에
> 스스로는 아무것도 길러 낼 수 없나이다.
> 선하고 경건한 일의 씨앗은 주님께 있기에
> 그 씨는 주님께서 허락하신 곳에서만 싹을 틔우나이다.
> 주님께서 진정한 길을 보여 주지 않으시면
> 아무도 그 길을 발견할 수 없나니
> 아버지여, 우리를 인도하소서.

이 말은 위대한 그리스도인의 심오하고 경건한 간증으로서 연구할 가치가 있다.

하나님이 우리 안에서 일하심을 인식하는 것은 중요하지만, 나는 생각에만 지나치게 몰두하는 것을 경고하고 싶다. 그것은 비생산적인 소극성으로 이끄는 분명한 길이기 때문이다. 하나님은 우리에게 그분의 선택, 예정, 신성과 같은 신비들을 이해해야 할 책임이 있다고 하지 않으실 것이다. 이 신비들을 다루는 가장 좋고 안전한 방법은 우리의 시선을 하나님께 두고 깊은 경외감으로 "주님께서 아십니다"라고 말하는 것이다. 그것들은 하나님의 전지하심이라는 깊고 신비로운 심해에 속해 있기 때문이다. 그것들을 파고 캐는 것이 신학자를 만들어 낼지는 모르나, 결코 성인은 만들어 내지 못할 것이다.

수용하는 태도는 단일적이기보다 오히려 복합적이다. 수용성은 어떤 것을 향한 친근한 마음이요, 어떤 것으로 기울어지는 경향이요, 어떤 것에 대한 공감에서 우러나오는 반응이요, 어떤 것을 갖고자 하는 갈망이다. 그리고 수용성은 개인에 따라 많거나 적거나 거의 없는 등 저마다 다르게 갖고 있으며, 연습을 통해 커질 수도 있고 게으름으로 인해 없어질 수도 있다. 이것은 위로부터 엄습해 오는 주권적이고 저항할 수 없는 힘이 아니다. 수용성은 하나님의 선물로, 이것이 주어진 목적을 알기 원한다면 다른 선물과 마찬가지로 그 가치를 인정하고 개발해야 한다.

이 점을 보지 못하는 것이 현대 복음주의가 붕괴되는 매우 심각한 원인이다. 개발과 훈련이라는 개념은 옛 성도들에게는 매우 귀했으나, 현재 우리의 종교적 영성에서는 그 자취를 찾아볼 수 없다. 그 개념은 너무 느리고 평범한 것으로 여겨지기 때문이다. 우리는 마력과 같이 신속하고 극적인 것을 좋아한다. 이 시대 그리스도인들은 목표 달성에 있어 좀 느리고 덜 직접적인 방법을 사용하려 하지 않는다.

우리는 하나님과의 관계에도 기계적 방법을 적용하려 애쓰고 있다. 성경 한 장을 읽고 짧은 경건의 시간을 가진 후 뛰어나가 버리면서, 복음 집회에 참석하거나 최근 먼 곳에서 돌아온 선교사의 감격적인 이야기를 들음으로써 우리의 깊은 내적 틈새가 메꾸어지기를 기대한다.

이 같은 정신의 비참한 결과들이 우리 주위 어디에나 있다. 피상적인 삶, 텅 빈 종교적 철학, 압도적인 흥미 본위의 복음 집회, 사람의 영광을 구함, 종교적 형식주의에 대한 신뢰, 사이비 종교 단체, 외판원식 방법들, 활동적인 성격을 성령의 능력으로 오인하는 것들 말이다. 이 모두는 악한 질병, 영혼의 깊고 심각한 질병의 증상들이다. 우리에게 닥친 이 크나큰 질병의 책임을 완선히 면할 수 있는 그리스도인은 한 명도 없다.

우리는 모두 직접 혹은 간접적으로 이 비참한 상황의 원인이 되고 있다. 눈이 어두워 보지를 못하거나 겁이 나서 말을 못하거나 자기만족에 빠져서 다른 이들이 만족해하는 평균적인 신앙보다 더 나은 수준을 원하지 않는다. 달리 표현하면, 우리는 서로의 생각을 받아들이고 서로의 생활을 본뜨며 서로의 경험을 모본으로 만들었던 것이다. 한 세대 동안 이 추세는 더욱 확산되어 왔다. 이제 우리는 말라 타 버린 잡초뿐인 모래땅에 이르렀다. 무엇보다 비참한 점은 진리의 말씀을 우리의 경험에 끼워 맞추고, 이 척박한 땅을 복된 자들의 초장인 양 받아들여 온 것이다.

현세대의 굴레로부터 벗어나 성경의 방법으로 되돌아가려면 단호한 마음과 상당한 용기가 필요하다. 어렵겠지만 이 일은 이루어질 것이다. 그리스도인은 과거에도 이따금 이 일을 해내야 했다. 역사는 성 프란체스코, 루터, 조지 폭스(George Fox)와 같은 이들의 지도로 이루어진 몇몇 대규모의 복귀 운동을 보여 준다.

불행히도 현재 루터나 폭스 같은 이들은 보이지 않는 것 같다. 모든 그리스도인이 동의하지는 않겠지만 그리스도의 재림 전에 그와 같은 복귀 운동이 있을지는 현재 우리에게 그다지 중요한 문제가 아닌 듯하다.

나는 하나님이 오늘날에도 세계적인 규모로 어떤 일을 하실 수 있는지에 대해서 알지 못한다. 그러나 하나님이 자신의 얼굴을 구하는 사람들을 위해 무엇을 하실지에 대해서는 알고 있기에 이렇게 말한다. "진실함으로 하나님께 돌아오라. 거룩함에 관한 훈련을 시작하라. 신뢰와 순종과 겸손을 가지고 영적 수용성을 기르도록 노력하라. 그러면 메마르고 연약한 나날 가운데 바라 왔던 일을 능가하는 결과들을 보게 될 것이다. 지금까지 자신을 가두었던 틀을 깨고 진지하게 하나님께 돌아와 회개하라. 영적 기준을 세우기 위해 성경을 찾으라. 그러면 거기서 한 발견으로 인해 기뻐하게 될 것이다."

우주적 임재는 하나의 사실이다. 하나님은 여기 계신다. 온 세상이 하나님의 생명으로 충만하다. 하나님은 낯선 분이 아니라, 죄 많은 인류를 사랑으로 품으신 우리 주 예수 그리스도의 아버지이시다. 하나님은 언제나 우리를 부르시며 자신을 드러내고 교제하기를 원하신다. 우리가 그 부르심에 응답하기만 하면, 하나님을 아는 길은 이미 우리 안에 있다. 이것이 바로 '하나님을 추구함'이다. 믿음과 사랑과 실습에 의해 수용하는 태도가 더욱 자라날 때, 우리는 그분을 더 깊이 알게 될 것이다.

PRAY

하나님 아버지,
눈에 보이는 것들에 몰입했던 죄를 회개합니다.
세상은 저에게 너무도 많이 관여해 왔습니다.
주님은 이곳에 계시건만 저는 알지 못하였습니다.
주님의 임재를 보지 못했습니다.
저의 눈을 열어 주셔서 제 안에,
제 주위에 계신 주님을 볼 수 있게 하소서.
예수님의 이름으로 기도합니다. 아멘.

06

말씀하시는 음성

태초에 말씀이 계시니라
이 말씀이 하나님과 함께 계셨으니
이 말씀은 곧 하나님이시니라
(요 1:1)

A. W. TOZER

기독교의 진리를 배우지 않았더라도 지성을 가진 평범한 사람이라면 요한복음 1장 1절을 보고, 자신의 생각을 다른 이들에게 말씀하시는 것이 하나님의 본성이라고 결론짓게 될 것이다. 아마도 그 생각은 옳을 것이다. 말은 생각을 표현하는 매개체이다. 이것을 영원하신 성자께 적용시켜 보면, 자기표현이란 본래부터 하나님께 속했음을 알 수 있다. 즉 하나님이 자신을 피조물에게 말씀으로 전하기 원하신다는 사실을 알게 된다. 성경 전체가 이 사실을 입증해 준다.

하나님은 말씀하고 계시다. 과거에 말씀하셨을 뿐 아니라 지금도 말씀하고 계시다. 그분은 본성에 의해 끊임없이 자신을 표현하시며, 세상을 자신의 말씀하시는 음성으로 채우신다.

우리가 다루어야 할 위대한 실재 가운데 하나는 세계 안에서 들리는 하나님의 음성이다. 우주 창조에 대해 가장 간단하면서도 유일하게 만족스러운 설명은 이것이다. "하나님께서 말씀하시매 그대로 되니라." 자연법칙의 원인은 피조물 가운데 내재하는 하나님의 음성이다. 그런데 모든 세상을 존재케 한 이 하나님의 말씀이 곧 기록된 성경을 의미한다고 할 수는 없다. 그 음성은 하나님의 의지가 만물의 구조 속으로 들어가 표현된 것이기 때문이다. 하나님의 말씀은 생명력으로 채우시는 그분의 숨결이다. 하나님의 음성은 자연 속에서 가장 강력하고 진정 유일한 힘인데, 그 이유는 오직 능력으로 가득 찬 말씀이 선포되어야만 모든 힘이 그곳에 존재할 수 있기 때문이다.

성경은 기록된 하나님의 말씀이기 때문에 먹과 종이와 가죽이라는 물질들에 의해 제한되고 있다. 그러나 하나님의 음성은, 주권자이신 하나님 자신이 자유로우시듯 생생하고 자유롭다. "내가 너희에게 이른 말은 영이요 생명이라"(요 6:63). 말씀 안에 생명이 있다. 성경에 기록된 하나님의 말씀은 우주 안에 내재하는 하나님의 음성을 전달해 주기 때문에 능력을 가진다. 기록된 말씀을 온전히 능력 있게 만드는 것은 현존하는 음성이다. 그렇지 않다면 그것은 책 속에 잠자는 상태로 있을 뿐이다.

어떤 사람들은 창조의 역사에 있어서 하나님에 대해 낮고 원시적인 견해를 취한다. 이 견해는 하나님이 마치 목수와 같이 사물에 물리적 접촉을 가하시고, 형태를 만드시고, 조작하시고, 설계하신다는 생각이다. 그러나 성경은 이렇게 말하고 있다. "여호와의 말씀으로 하늘이 지음이 되었으며 그 만상을 그의 입 기운으로 이루었도다 … 그가 말씀하시매 이루어졌으며 명령하시매 견고히 섰도다"(시 33:6-9), "믿음으로 모든 세계가 하나님의 말씀으로 지어진 줄을 우리가 아나니"(히 11:3). 여기서 언급되는 것은 기록된 말씀이 아니라 하나님의 말씀하시는 음성임을 기억하라. 이는 세계를 채우고 있는 음성, 수없는 세기를 성경보다 앞서고 있는 음성, 창조의 여명 이래 침묵함 없이 우주의 전역을 통해 지금도 울리고 있는 음성인 것이다.

하나님의 말씀은 살아 있고 활력이 있다(히 4:12). 태초에 그분은 무(nothing)에게 말씀하셨고, 그래서 이 무는 무언가가 되었다. 혼돈이 말씀을 듣고 질서가 되었으며, 흑암이 말씀을 듣고 광명이 되었다. "하나님이 이르시되"와 "그대로 되니라"는 창세기의 창조 이야기 전반에 걸쳐 반복된다. '이르시되'는 '그대로 되니라'의 원인으로서, '그대로 되니라'는 '이르시되'의 현재 진행형으로서 설명될 수 있다.

하나님은 이곳에 존재하시며 말씀하고 계시다. 이는 성경의 다른 진리들 이면에 있는 진리다. 이 진리 없이는 어떠한 계시도 결코 있을 수 없다. 하나님은 사자를 통해 책 한 권을 보내신 후 사람들이 아무런 도움 없이 그것을 읽도록 멀리 서 계시지 않는다. 그분은 말씀의 능력이 오랜 세월을 통해 지속되도록 자신의 말씀으로 된 책 가운데 살아서 지금도 말씀하신다.

하나님은 흙에 생기를 불어넣으셨고 그것은 사람이 되었다. 하나님이 인간에게서 호흡을 취하시면 그는 흙이 된다. 타락으로 인해 전 인류에 죽음을 명하시며 하나님은 "너는 흙이니 흙으로 돌아갈 것이니라"(창 3:19)라고 말씀하셨다. 이 말씀에 다른 말씀을 덧붙이실 필요가 없었다. 지구의 온 지면 위에서 출생으로부터 무덤에 이르는 인류의 슬픈 행렬이 그 증거인 것이다.

우리는 지금까지 요한복음에 기록된 심오한 말씀, 즉 "참 빛 곧 세상에 와서 각 사람에게 비추는 빛이 있었나니"(요 1:9)에 충분한 주의를 기울이지 않았다. 그러나 이제 이 말씀을 꼼꼼히 살펴보라. 이 구절은 변함없이 일관된 진리를 드러내고 있다. 하나님의 말씀은 영혼을 비추는 빛으로서 각 사람의 마음에 영향을 미친다.

모든 사람의 마음속에 빛이 비추고 말씀이 울린다. 그 빛과 말씀은 사람들을 피해 가는 법이 없다. 이 같은 일은 하나님이 살아 계시고 하나님이 세계 안에 거하신다면 반드시 일어날 것이다. 그리고 요한은 실제로 그렇다고 말한다. 성경 말씀을 들어 보지 못한 사람들조차 그들 마음에서 변명할 거리가 아무것도 남아 있지 않도록 충분히 명확하게 전파되었다.

"창세로부터 그의 보이지 아니하는 것들 곧 그의 영원하신 능력과 신성이 그가 만드신 만물에 분명히 보여 알려졌나니 그러므로 그들이 핑계하지 못할지니라"(롬 1:20), "율법 없는 이방인이 본성으로 율법의 일을 행할 때에는 이 사람은 율법이 없어도 자기가 자기에게 율법이 되나니 이런 이들은 그 양심이 증거가 되어 그 생각들이 서로 혹은 고발하며 혹은 변명하여 그 마음에 새긴 율법의 행위를 나타내느니라"(롬 2:14-15).

이 우주적인 하나님의 음성은 종종 고대 히브리인들에 의해 '지혜'라 일컬어졌으며, 지구 전역에서 울리며 인간들로부터 어떤 반응을 구하고 있다. 잠언 8장은 이렇게 시작한다. "지혜가 부르지 아니하느냐 명철이 소리를 높이지 아니하느냐"(1절). 잠언의 저자는 여기서 지혜를 "길 가의 높은 곳과 네거리"(2절)에 서 있는 한 아름다운 여인으로 묘사하고 있다. 이 여인은 아무도 듣지 못하는 일이 없도록, 모든 지역에서 들리도록 목소리를 높인다. "사람들아 내가 너희를 부르며 내가 인자들에게 소리를 높이노라"(4절). 그러고는 어리석고 미련한 자들에게 자기의 말에 귀를 기울이라고 호소한다. 하나님의 지혜가 얻고자 호소하는 것은 영적 반응 곧 그 지혜가 항상 추구해 왔지만 얻기 힘든 반응이다. 비극은, 듣는 데 영원한 행복이 달려 있건만 우리는 우리의 귀를 듣지 않도록 훈련시켰다는 데 있다.

말씀하시는 음성은 실재하는 사실이다. 이 우주적인 음성은 언제나 울려 왔고 때때로 사람들을 고뇌케 하였는데, 어떤 때는 사람들이 그 고뇌의 이유도 몰랐다. 인간의 마음속에 안개처럼 스며드는 이 음성이, 역사 속 무수한 인간이 가졌던 불멸을 향한 갈구와 고뇌하는 양심의 감추어진 원인 아닐까? 우리는 이 문제에 당면하기를 두려워하지 말고 사람들이 그 음성에 어떻게 반응했는지 주목해야 한다.

하나님이 하늘로부터 예수님에게 말씀하셨을 때, 자기중심적인 사람들은 그 음성을 자연적인 원인으로 설명했다. 그들은 "우뢰가 울었다"라고 말했다. 이 음성을 자연법칙에 의거해서 설명하는 습관은 현대 과학에 뿌리를 둔다. 살아 호흡하는 우주 안에는 너무나도 놀랍고 장엄해서 어느 누구도 이해할 수 없는 신비로운 무엇이 있다. 믿는 사람은 이해할 것을 주장하지 않는다. 그는 무릎을 꿇으며 "하나님이시여"라고 속삭인다. 땅에 속한 사람 역시 무릎을 꿇지만 경배하지는 않는다. 그는 사물의 원인과 방법을 살피고 무엇인가를 발견하려고 무릎 꿇을 뿐이다.

지금 우리는 세속화된 시대를 살고 있다. 우리는 예배자가 아니라 과학자처럼 사고한다. 우리는 경배하기보다 "우뢰가 울었다"라고 설명하려 든다. 그러고는 세상길로 가 버린다. 그러나 여전히 그 말씀하시는 음성은 울리고 찾고 있다. 세상의 모든 질서와 생명이 그 음성에 의존하고 있건만 사람들은 너무 바쁘고 완고하여 그것에 주의를 기울이지 않는다.

우리 모두는 설명할 수 없는 경험들을 갖고 있다. 갑자기 밀려오는 고독감, 우주의 거대함에 직면했을 때 드는 경이감과 경외감, 자기가 신에게서 기원했다는 생각이 마치 섬광처럼 스쳐 지나가는 경험들 말이다. 그 순간 느낀 것들은 학교에서 배운 내용과 반대되며 우리의 신념과 의견에 큰 모순을 가져오는 것일지도 모른다.

구름이 걷혀서 직접 보고 들은 그 찰나에 우리는 평소에 해 왔던 의심들을 멈추어야 한다. 그와 같은 경험들이 하나님의 임재로부터 그리고 인류와 교통하고자 하시는 그분의 끈질긴 노력으로부터 왔을지도 모른다는 가능성을 인정하지 않는다면, 공정하지 못하다고 생각한다. 이와 같은 가정을 너무 경솔하게 걷어치우시 말라.

나는 사람들이 만들어 낸 모든 좋고 아름다운 것은, 사실 인간이 죄에 가로막힌 채 하나님의 음성에 불완전하게나마 응답한 결과라고 생각한다. 탁월한 덕을 이상으로 꿈꾸었던 도덕적 철학가들, 하나님과 불멸에 대해 사색했던 종교적 사상가들, 평범한 재료로부터 순수하고 지속적인 미를 만들어 낸 시인들과 예술가들을 우리는 어떻게 설명할 수 있을까?

"그들은 천재였다"라고 말하는 것으로는 충분치 않다. 말씀하시는 음성에 사로잡혀 희미하게 이해한 어떤 목적을 성취하기 위해 번민하며 분투하는 사람을 간단히 '천재'라고 할 수는 없을 것이다. 그 위대한 사람이 자신의 노력 가운데 하나님을 놓쳤거나 심지어 하나님에 대항하는 글을 썼다고 해도 나의 생각을 바꾸지는 못한다.

물론 구원에 이르는 믿음, 하나님과의 화평을 위해서는 성경을 통한 구속적인 계시가 필요하다. 불멸을 향한 저들의 희미한

몸부림이, 평온하고 만족스러운 하나님과의 교제로까지 이어지려면 반드시 부활하신 구세주를 믿어야 한다. 나에게 있어서는 이것이 그리스도로부터 나온 모든 최선의 것에 대한 타당한 설명이다. 그러나 여러분은 훌륭한 그리스도인이면서도 나의 논리를 받아들이지 않을 수 있다.

하나님의 음성은 다정하다. 다정한 음성을 거부하려고 작정하지 않은 한, 그 음성 듣기를 두려워할 이유가 없다. 예수님의 보혈은 인류뿐 아니라 모든 창조물까지 덮고 있다. "그의 십자가의 피로 화평을 이루사 만물 곧 땅에 있는 것들이나 하늘에 있는 것들이 그로 말미암아 자기와 화목하게 되기를 기뻐하심이라"(골 1:20). 땅과 하늘이 떨기나무 가운데 거하셨던 하나님의 선의로 가득 차 있다. 온전한 구속의 피가 이것을 영원히 보증한다.

듣고자 하는 자는 누구나 말씀하시는 음성을 듣게 될 것이다. 지금은 들으라는 권고를 친절히 받아들이는 시대가 아니다. 오늘날 듣는 것은 인기 있는 종교 활동이 아니기 때문이다. 소란, 규모, 활동, 날뛰는 것으로써 하나님께 인정받을 수 있다는 끔찍한 이설을 종교는 받아들였다. 하지만 우리는 그것들과 멀리 떨어진 반대편에 있으면서 용기를 가져야 한다. 하나님은 커다란

갈등의 폭풍 가운데 놓인 백성에게 "너희는 가만히 있어 내가 하나님 됨을 알지어다"(시 46:10)라고 말씀하셨기 때문이다. 그리고 우리의 안전은 잠잠함 가운데 있다고 여전히 말씀하신다.

하나님을 알기 위해시는 잠잠해지는 것이 중요하다. 성경을 펼쳐 놓고 홀로 있는 것이 가장 좋다. 그러고 나서 하나님께 가까이 나아가면 그분이 우리 마음속에 말씀하시는 것을 들을 수 있다. 보통 그 과정은 다음과 같이 이루어진다.

우선 성경이라는 동산을 거니시는 하나님의 임재에 귀를 기울인다. 좀 더 이해할 수 있으나 아직도 결코 명확하지 않은 말씀이 있다. 그다음 성령께서 말씀을 조명하기 시작하실 때는 희미했던 것이 다정한 친구의 음성처럼 친근하고 분명한 음성이 된다. 이제 생명과 빛이 옴으로써 예수 그리스도를 보게 되고, 그분 안에서 안식하며 그분을 자신의 구주와 전부로 받아들이게 되는 것이다.

하나님이 우주 안에서 말씀으로 자신을 표현하신다고 확신하기 전까지 성경은 결코 우리에게 살아 있는 책이 될 수 없다. 죽음과 비인격적인 세계에서, 성경의 진리 가운데로 뛰어든다는 것은 대부분의 사람에게 너무나도 큰일이다. 그들은 성경을 하나님의 말씀으로 받아들여야 한다고 인정하거나 그렇게 생각하려고 노력할 수 있다. 그러나 성경에 기록된 말씀이 실제로 자신을 위한 것이라고 믿지는 못한다. "이 말씀은 나를 위한 것이다"라고 말할 수는 있지만, 마음속에서 그 사실을 진정으로 느끼고 깨닫지는 못한다. 그는 하나님을 오직 한 책에서만 말씀하실 수 있고 다른 곳에서는 침묵하시는 분으로 생각한다.

나는 불신의 많은 부분이 성경에 대한 잘못된 개념에서 비롯된다고 믿는다. 어떤 사람들은 '하나님이 갑자기 책 안에서 말씀하기 시작하셨고, 그 말씀 후에 침묵하고 계신다'라는 생각으로 성경을 읽는다. 하지만 하나님은 침묵하지 않으신다. 이것이 사실이다. 말씀하시는 것은 하나님의 본성이며, 삼위의 두 번째 인격께서는 '말씀'이라 불리신다. 성경은 하나님이 지속적으로 말씀하시는 데서 나온 불가피한 결과다. 인간을 향한 하나님의 마음을 친근한 언어로 선포하신 것이 바로 성경이다.

성경을 과거에 한 번 말씀하신 책이 아니라 현재 말씀하고 계시는 책으로 이해할 때, 종교적 안개가 걷히고 새로운 세상이 펼쳐질 것이다. 선지자들은 말했다. "여호와께서 이렇게 말씀하신다." 그들은 사람들이 하나님의 말씀을 계속적인 현재로 이해하기 바랐다. 하나님이 어떤 특정한 때에 말씀하셨다는 것을 나타내기 위해 과거 시제를 사용할 수 있다. 그러나 하나님의 말씀은 마치 한 번 태어난 아이가 계속 살아 있듯이, 한 번 창조된 세계가 계속 존재하듯이 지속적으로 들린다. 물론 이 비유들은 불완전할 수밖에 없다. 아이들은 죽고 세계는 불타 버리지만 하나님의 말씀은 영원하기 때문이다.

힘써 주님을 알고자 한다면 즉시 성경 앞으로 나오라. 그것을 당신의 형편에 따라 취급할 수 있는 하나의 물건이라고 생각하면서 나오지 말고, 그것이 당신에게 말할 것을 기대하면서 나오라. 성경은 살아 계신 하나님의 말씀이다.

PRAY

주여, 저에게 듣는 법을 가르쳐 주소서.
이 세대는 소란하고 계속하여 공격하는
수천의 소리로 저의 귀는 피곤합니다.
"말씀하시면 당신의 종이 듣겠나이다"라고
말하던 소년 사무엘의 영을 저에게도 주소서.
주님이 제 마음 가운데 말씀하시는 것을 듣게 하소서.
주님의 음성에 익숙해져서 세상의 소리가 사라지고
오직 주님의 말씀하시는 음성만이 음악으로 들릴 때에
그 곡조가 친근하게 들리도록 하여 주소서.
예수님의 이름으로 기도합니다. 아멘.

07

영혼의 주시

믿음의 주요
또 온전하게 하시는 이인
예수를 바라보자
(히 12:2)

A. W. TOZER

지성을 가진 평범한 사람이 처음으로 성경을 읽는다고 생각해 보자. 그는 성경이 무슨 내용을 담고 있는지에 대한 사전 지식 없이 접근한다. 그는 편견을 갖고 있지 않다. 그에게는 성경을 옹호하거나 증명할 만한 것이 전혀 없다. 오래지 않아서 활자 위로 어떤 진리들이 또렷이 떠오르는 것을 깨닫는다. 그 진리들이란 하나님이 인간을 대하시는 모습 이면에 나타난 원리들, 곧 '성령의 영감을 받은' 거룩한 사람들이 기록한 문장 속에 들어 있는 영적 원리들이다.

그는 이 진리들에 번호를 달고 각 번호 밑에 간략한 요지를 만들고 싶어 할지도 모른다. 만약 그렇게 한다면 요지들은 그의 성경 신조가 될 테고, 성경을 더 읽는 일은 이 요지들을 보강하는 것 이상의 영향을 주지 않을 테다. 그는 지금 성경이 실제로 무엇을 가르치는지 발견하고 있다.

성경이 가르치는 여러 주제 중 믿음의 교리가 가장 뛰어날 것이다. 성경이 믿음에 부여하는 막대한 중요성은 너무도 명백하여 그 사람이 이것을 놓치기는 어렵다. 그는 영혼의 생명에 있어 믿음이 무엇보다 중요하다고 생각할 것이다. 믿음은 우리에게 무엇이든 가져다주며, 우리를 하나님 나라로 인도한다. 하지만 믿음 없이는 용서, 구원, 영적 교제나 생활 등이 있을 수 없다. 믿음 없이 하나님을 기쁘게 해 드리는 것은 불가능하다.

이제 그는 히브리서 11장에 다다를 때, 그곳에서 믿음에 관해 천명되는 감동적인 찬사를 이상하게 여기지 않을 것이다. 로마서와 갈라디아서에서 믿음에 대한 바울의 능력 있는 변호를 읽었기 때문이다. 더 나아가 교회사를 연구하게 된다면, 그는 믿음을 기독교의 핵심으로 지적했던 종교 개혁자들의 가르침 가운데 있는 놀라운 능력을 이해하게 될 것이다.

믿음이 절대적으로 중요하고 하나님을 추구하는 데 없어서는 안 될 '필요 불가결의 요소'라고 한다면, 가장 소중한 이 선물을 자신이 소유하고 있는지 깊은 관심을 기울이는 것은 당연하다. 조만간 지성이 믿음의 본질에 대한 필연적인 질문을 던질 것이다. '믿음이란 무엇인가'라는 질문은 '나는 믿음을 소유하고 있는가'라는 질문과 밀접하게 연결되어 있는데, 해답을 주는 곳이 있다면 더더욱 이를 물을 수밖에 없다.

믿음이라는 주제로 설교하거나 저술하는 사람들 대부분은 믿음에 관해 비슷한 내용들을 말한다. 그들은 믿음에 대해 "하나의 약속을 믿는 것이다", "하나님을 말씀 그대로 받아들이는 것이다", "성경이 진실하다고 간주하고 거기에 근거하여 발걸음을 내딛는 것이다"라고 말한다. 이러한 설교나 저서의 뒷부분에는 믿음의 결과로 기도 응답을 받은 사람들의 이야기가 놓이곤 한다. 여기서 응답이란 선물, 건강, 물질, 육신의 보전, 사업의 성공과 같이 실제적이고 일시적인 것들이다.

그러나 만일 그 선생이 철학적으로 사고하는 경향을 가졌다면, 믿음에 대해 정의할 때 우리를 형이상학의 미궁 속으로 집어넣으려 하거나 심리학 전문용어를 잔뜩 사용해 압도하려 할 것이다. 그의 이야기가 끝나면 우리는 실망한 채 '처음 들어왔던 문'으로 다시 나가게 된다. 그런데 이보다 나은 방법이 있다.

성경에는 실질적으로 믿음을 정의하려는 노력이 없다. 히브리서 11장 1절에 있는 짧은 정의 외에는 믿음에 대한 성경의 다른 정의를 나는 모른다. 그리고 이 구절에서조차도 믿음은 기능적으로 정의되었을 뿐이다. 즉 작용 면에서 믿음이 무엇인가 하는 것이지, 본질 면에서 믿음이 무엇인가를 설명한 것은 아니다.

"믿음은 바라는 것들의 실상이요 보이지 않는 것들의 증거니"라는 말씀은, 믿음의 실재를 가정하며 믿음이 어떤 결과를 가져오는지 보여 준다. 여기서 또 다른 시도를 하지 않는 편이 현명하다. 우리는 믿음이 어디로부터 오며 어떤 방법에 의해 오는지 알고 있다. "믿음은 들음에서 나며 들음은 그리스도의 말씀으로 말미암았느니라"(롬 10:17). 여기까지는 분명하다. 그리고 토마스 아 켐피스의 말로 부연하겠다. "나는 믿음의 정의를 알려 하기보다, 믿음을 행할 것이다."

이후로 믿음이나 그와 동등한 어구가 나온다면 신자가 행하는 작용상의 믿음을 가리키는 것으로 이해해 주기를 바란다. 이제 행동으로 경험되는 믿음에 대해 생각해 보자. 우리 사고의 흐름은 이론적이 아니라 실질적일 것이다. 민수기에 믿음이 행동으로 나타나는 극적인 이야기가 있다.

이스라엘 백성은 하나님을 원망했다. 이에 하나님이 불뱀들을 보내 백성을 물게 하시므로 그들 중에 죽은 자가 많았다(민 21:6). 그때 모세가 백성을 위해 하나님께 간구하자, 하나님은 그의 기도를 들으시고 해결책을 주셨다. 하나님은 놋뱀을 만들어 온 백성들이 볼 수 있게 장대에 달라고 하신 후 "물린 자마다 그것을 보면 살리라"(8절)라고 하셨다. 모세가 하나님의 말씀에 순종함으로 뱀에게 물린 사람들은 놋뱀을 쳐다보면 살았다.

이 중요한 역사의 한 토막을 권위 있는 예수 그리스도께서 우리에게 해석해 주신다. 주님은 자신을 따르는 자들에게 어떻게 구원을 받을 수 있는지 설명하신다. 구원은 믿음으로 말미암는 것이라고 말씀하시며, 민수기의 사건을 언급하신다. "모세가 광야에서 뱀을 든 것 같이 인자도 들려야 하리니 이는 그를 믿는 자마다 영생을 얻게 하려 하심이니라"(요 3:14-15).

앞서 말해 온 그 평범한 사람은 이 구절을 읽으면서 중요한 사실을 발견하게 된다. '보다'와 '믿는다'는 말이 같은 의미임을 발견하는 것이다. 구약에서 뱀을 '보는 것'은 신약에서 그리스도를 '믿는 것'과 같다. 즉 보는 것과 믿는 것은 같은 개념이다. 또한 그는 이스라엘 백성이 육신의 눈으로 보았을 때 마음에서 믿음이 행해졌음을 이해하게 된다. 나는 그가 믿음을 '구원하시는 하나님을 향한 한 영혼의 바라봄'이라고 결론지으리라 생각한다.

이제 그는 전에 읽었던 구절들을 기억하게 되고, 곧 그 구절들의 의미가 그에게 파도처럼 밀려 들어올 것이다. "그들이 주를 앙망하고 광채를 내었으니 그들의 얼굴은 부끄럽지 아니하리로

다"(시 34:5), "하늘에 계시는 주여 내가 눈을 들어 주께 향하나이다 상전의 손을 바라보는 종들의 눈 같이, 여주인의 손을 바라보는 여종의 눈 같이 우리의 눈이 여호와 우리 하나님을 바라보며 우리에게 은혜 베풀어 주시기를 기다리나이다"(시 123:1 2).

여기 긍휼을 구하는 사람이 있다. 그는 긍휼이 주어질 때까지 긍휼의 하나님을 똑바로 바라본다. 예수님도 항상 하나님을 바라보셨다. "하늘을 우러러 축사하시고 떡을 떼어 제자들에게 주시매"(마 14:19). 진실로 주님께서는 영혼의 눈을 아버지께로 항상 고정시킴으로 그분의 역사를 행하셨다. 예수님의 능력은 하나님을 지속적으로 바라보는 데에 있었다(요 5:19-21).

영감으로 기록된 성경의 전체 대의(tenor)가 위에서 인용한 본문들과 완전히 일치한다. 그 대의는 히브리서 12장 2절에서 일생의 경주를 하는 우리를 위한 교훈 안에 이렇게 요약되어 있다. "믿음의 주요 또 온전하게 하시는 이인 예수를 바라보자." 이 모든 것으로부터 우리는 믿음이란 단번의 행동이 아니라 삼위일체의 하나님을 향한 지속적인 마음의 주시임을 배운다.

결국 믿는다는 것은 마음의 주의를 예수님께 집중시키는 일이다. 이는 '하나님의 어린양을 바라보기' 위해 우리 마음을 고양하며, 남은 생애 동안 그 주시를 중단치 않는 것이다. 처음에는 어려울 수 있으나 예수님의 놀라우신 인격을 꾸준하고 잠잠하게 바라보다 보면 점차 수월해질 것이다. 중간에 방해가 있겠지만 일단 우리의 마음을 그분께 드렸으면, 그분으로부터 잠시 벗어나더라도 마치 방황하던 새가 집으로 돌아오듯 주의가 회복되어 그분 안에 머물게 된다.

나는 예수님을 바라보겠다는 위대한 결정을 강조하겠다. 하나님은 우리의 의도적인 선택을 보시고 악한 세상에서 우리를 사로잡는 수천 가지의 유혹을 참작하신다. 그분은 우리 마음의 방향이 예수님께로 향해 있다는 것을 아시며 우리도 이것을 안다. 얼마 후에는 더 이상 우리의 의식적인 노력을 요하지 않는, 일종의 영적 반사 작용이 될 영혼의 습관이 우리 안에 형성되었음을 깨닫게 될 것이다.

믿음은 자신에 대하여 최소한도의 관심을 갖는다. 믿음은 본질상 자기의 존재를 의식하지 않는다. 앞에 있는 모든 것을 보지만 자신은 결코 볼 수 없는 눈과 같이 믿음은 그 대상에 집중할 뿐 믿음 자체에는 전혀 주의하지 않는다. 우리가 하나님을 바라보는 동안 우리는 자신을 살피지 않는다. 이는 복된 자유다.

자기를 정결케 하려고 투쟁했으나 실패의 반복만을 맛본 사람이 자신의 영혼을 더 이상 괴롭히지 않고 하나님께로 눈을 돌릴 때 진정한 자유를 경험하게 된다. 그 사람이 지금까지 노력한 것들은 그리스도를 바라보는 동안 자연스레 이루어진다. 그의 안에서 소원을 두고 행하시는 이는 하나님이시기 때문이다.

믿음 자체는 칭찬할 만한 것이 아니다. 공로는 믿음의 대상인 하나님께 있다. 믿음이란 우리의 초점을 하나님께 맞추는 것이다. 그러나 죄는 우리의 시야를 내면으로 굽게 하여 자신을 주목하게 만들었다. 불신은 하나님이 계셔야 할 곳에 자아를 놓았는데, 이는 처참하게도 "내가 하나님의 보좌 위에 나의 보좌를 두리라"라고 말한 사탄의 죄와 흡사하다. 믿음은 안이 아니라 밖을 보게 함으로써 전 생애를 정렬한다.

이 모든 것이 너무나 단순해 보일지 모른다. 그런데 믿음은 원래 단순하다. 하나님은 멀리서 자신을 찾는 자들에게 말씀하신다. "말씀이 네게 가까이 있으니 곧 믿음의 말씀이라." 말씀이 우리의 눈을 주님께로 들게 함으로 믿음의 역사가 시작된다.

내적인 눈을 들어 하나님을 주시할 때 어김없이 우리를 바라보시는 다정한 시선을 느끼게 될 것이다. 주님의 눈이 천지를 두

루 살피신다고 기록되어 있기 때문이다. 이를 경험하면 "하나님께서 나를 보고 계시나이다"라는 아름다운 고백을 하게 된다. 밖을 향한 영혼의 눈이 안을 보고 계시는 하나님의 눈과 만날 때, 바로 이 땅에서 천국은 시작된다.

니콜라우스는 『하나님의 비전』(The Vision of God)에서 이렇게 썼다. "주님의 모든 노력이 저를 향하고 있기에 저의 모든 노력이 주님을 향합니다. 주님께서 끊임없는 관심으로 저를 감싸시기에 저의 모든 주의를 기울여 주님만을 바라봅니다. 사랑 그 자체이신 주님께서 저에게 사랑을 주시기에 저의 사랑을 주님께만 드립니다. 주님의 달콤한 향기가 이토록 사랑스럽게 저를 감싸지 않는다면, 저의 삶에 무슨 의미가 있겠습니까?"

나는 이 오래전 하나님의 사람에 대해 좀 더 말하고 싶다. 그는 오늘날 기독교 신자들 사이에서 잘 알려져 있지 않으며, 근본주의자들 사이에서는 더욱 알려져 있지 않다. 나는 그와 같은 영적 향미를 지닌 사람들과 그들의 기독교적 사고관을 조금이라도 접하게 될 때 우리가 많은 것을 얻을 수 있다고 생각한다.

그런데 어떤 기독교 문학이 우리 시대의 복음주의적 지도자들에게 인정받으려면, 똑같은 사상의 조류를 따라야 한다. 이 조류는 우리를 자만하게 만들었다. 우리는 노예적 애착심을 갖고 서로를 모방하며, 대부분의 사람들이 말하는 바로 그 말을 똑같이 반복하는 데 온갖 노력을 기울인다. 공인된 주제에다 미미한 변화를 주거나 새로운 설명을 붙여 그럴듯하게 변주할 뿐이다.

니콜라우스는 그리스도의 진실한 추종자요, 주님을 사랑하는 자요, 예수님의 인격을 향한 헌신으로 찬란히 빛나는 자였다. 그의 신학은 정통파였지만 예수님에 대한 모든 것이 마땅히 그러하듯 향기롭고 아름다웠다. 예를 들어 영생에 대한 그의 개념은 그 자체로 아름다운데, 오늘날 우리 가운데 유행하는 개념보다도 요한복음 17장 3절에 더욱 가까운 것이다.

니콜라우스는 그의 저서에서 이렇게 말했다. "영생은 주님께서 제 영혼의 은밀한 장소를 끊임없이 바라보시는 복된 관심 외에 다른 것이 아닙니다. 곧 영생은 주님께서 보심으로써 사랑을 주시고, 사랑을 주심으로써 제 안에 주님을 향한 사랑이 불타오르고, 불태움으로써 저를 먹이며, 먹임으로써 저의 갈망에 불붙이며, 불붙임으로써 즐거움의 이슬을 마시며, 마심으로써 제 속에 생명수를 부어 넣으며, 부어 넣음으로써 생명수의 샘이 솟아나 지속되게 하는 것입니다."

믿음이 하나님을 향한 마음의 바라봄이라면, 그리고 이 바라봄이 모든 것을 보시는 하나님의 시선과 만나기 위해 내면의 눈을 드는 것뿐이라면, 믿음이야말로 가장 쉬운 것 중 하나가 아닐까? 하나님은 가장 중요한 것을 쉽게 만드셔서 연약하고 불쌍한 자들도 손 닿을 수 있는 곳에 두셨다.

이 모든 것으로부터 우리는 몇 가지 결론을 이끌어 낼 수 있다. 우선, 믿음의 단순성이다. 믿는 것은 보는 것이므로 특별한 장비나 종교적 장치가 없어도 가능하다. 하나님은 생사를 좌우하는 이 중요한 문제가 쉽게 변하는 사건의 지배를 받을 수 없도록 하셨다. 장비는 파괴되거나 잃어버릴 수 있고, 물은 새어 나갈 수 있고, 기록들은 화재로 소실될 수 있고, 목사는 지각할 수 있고, 교회는 불타 버릴 수 있다. 영혼에게 이 모든 것들은 외적인 것으로 사고나 기계적 결함에 영향을 받는다. 그러나 보는 것은 마음에 관계된 것으로 무릎을 꿇었든지, 서 있든지, 교회와 수천 킬로미터 떨어져 있든지, 마지막 고통 가운데 있든지, 누워 있든지 간에 누구나 성공적으로 할 수 있다.

믿는 것은 보는 것이기에 언제든지 가능하다. 가장 아름다운 이 행위에 있어 특별히 더 좋은 때란 없다. 하나님은 구원을 초

하룻날이나 주일날과 같이 특정한 날에 좌우되도록 하지 않으셨다. 그리스도가 중재의 보좌에 앉아 계시는 한 매일이 좋은 날이며 어느 날이든 구원의 날이 된다. 장소 또한 하나님을 믿는 복된 일에 문제가 되지 않는다. 당신의 마음이 예수님께 머물게 하라. 그러면 열차에 있든지, 공장에 있든지, 부엌에 있든지 간에 당신은 성소에 있을 것이다. 당신의 마음이 하나님을 사랑하고 순종하기로 확정되었다면 어느 곳에서나 하나님을 볼 수 있다.

어떤 사람은 이렇게 질문할지도 모른다. "그런 것은 목사와 같이 많은 시간을 드릴 수 있는 특별한 사람들에게 해당되는 것 아닌가요? 나는 바쁘고, 혼자 보낼 시간도 없어요." 내가 묘사한 삶이 소명에 관계없이 하나님의 모든 자녀에게 가능한 것이라고 말할 수 있어서 기쁘다. 실제로 그 삶은 분주한 사람들에 의해 매일 실천되고 있으며, 여기에 미치지 못할 사람은 아무도 없다.

많은 사람이 내가 말하는 비밀을 발견했으며, 자신에게 어떤 일이 일어나고 있는지 별 생각을 기울이지 않고도 내적으로 하나님을 바라보는 습관을 실천하고 있다. 그들은 마음 가운데 무엇이 하나님을 보고 있는지 안다. 세상 일들에 관여하기 위해 어쩔 수 없이 의식적인 주의를 철회해야 하는 때일지라도 그들 안에서는 항상 비밀스러운 교제가 이루어진다. 따라서 그들은 맡은 일을 잠시 내려놓기만 하면 하나님께로 다시 나아갈 것이다.

일반적인 은혜의 수단들이 가치가 없다는 말이 아니다. 그것들은 확실한 가치를 갖고 있다. 모든 그리스도인이 개인 기도를 해야 한다. 긴 시간 동안 하는 성경 묵상은 우리의 시선을 정화하여 하나님께 향하도록 한다. 교회 출석은 시야를 넓히고 사람들에 대한 사랑을 증가시킨다. 봉사와 직장생활 등 다양한 활동은 모두 선하기에 그리스도인들이 참여해야 한다. 그러나 이것들에 의미를 부여하는 것은 하나님을 바라보는 내적인 습관에 있다. 새로운 눈이 우리 안에 개발되면, 외적인 눈이 이 세상의 장면들을 보는 동안에도 하나님을 바라보게 된다.

어떤 사람은 우리가 균형을 완전히 무시하고 개인적인 종교를 확대시키고 있다고, 신약의 '우리'가 이기적인 '나'로 대체되고 있다고 우려할지도 모른다. 하지만 백 대의 피아노가 표준음에 맞춰 조율될 수 있는 이유를 생각해 보라. 그 피아노들은 서로에 맞추어 조율된 것이 아니라, 독자적으로 다른 한 기준에 맞추어 조율되었기 때문에 모두 일치되는 것이다. 이와 같이 그리스도를 바라보는 각자가 '연합' 의식을 갖고 그들의 눈을 하나님께로 돌릴 때 서로를 더 닮아 간다. 사회적 종교는 개인적 종교가 정화될 때 완전해진다. 지체가 건강해질 때 전체 몸도 더 건강해진다. 하나님의 몸 된 교회는 각 지체들이 더 고상한 생활을 추구하기 시작할 때 진보한다.

앞에서 말한 모든 내용은, 진정한 회개와 하나님께 자신의 생명을 온전히 위탁하는 것을 전제로 한다. 물론 그러한 사람들이 여기까지 읽었을 테니 이 사실은 언급할 필요가 없다. 내적으로 하나님을 바라보는 습관이 형성될 때 우리는 경건 생활의 새로운 차원으로 인도된다. 비록 우리의 발은 세상 가운데서 하찮은 임무를 행하며 낮은 길로 걷고 있을지라도 삼위일체 하나님 안에 거하게 된다. 그리고 바로 거기서 우리는 삶의 최고선(*summum bonum*)을 발견할 것이다.

"거기에는 소망할 수 있는 모든 기쁨의 근원이 있다. 이보다 더 나은 것은 인간들과 천사들에 의해 생각될 수도 없고 존재할 수도 없다. 왜냐하면 그것은 모든 이성적 소망의 완전한 최고점이며, 그보다 더 큰 것은 있을 수 없기 때문이다."(니콜라우스의 『하나님의 비전』 중에서)

PRAY

주여, 저는 주님을 바라봄으로
만족을 누리라는 초대의 말씀을 들었습니다.
제 마음은 반응하기를 소원하나 죄가 저의 시야를 가려
주님을 희미하게 볼 수밖에 없습니다.
보배로운 피로 저를 씻으시고 정결케 하셔서
이 땅에서 순례자로 사는 모든 나날 동안
휘장이 걷힌 눈으로 주님을 볼 수 있게 하소서.
그리하시면 주님께서 성도들 가운데서 영광을 받으시고
믿는 모든 사람 가운데서 존귀를 받으시는 그날에,
제가 완전한 주님을 바라볼 수 있을 것입니다.
예수님의 이름으로 기도합니다. 아멘.

08

창조주와 창조물의 관계 회복

하나님이여 주는 하늘 위에 높이 들리시며
주의 영광이 온 세계 위에 높아지기를 원하나이다
(시 57:5)

A. W. TOZER

자연계의 질서가 올바른 관계에 의존하고 있다는 사실은 자명한 이치다. 조화를 이루기 위해서는 모든 것이 서로에 대해 적합한 위치에 있어야 한다. 인간의 삶도 이와 다르지 않다.

나는 이미 앞에서 인간의 모든 불행의 원인이 근본적인 질서의 전위, 즉 하나님과 인간 그리고 인간과 인간 간의 관계가 바뀐 데 있음을 암시해 왔다. 인간의 타락에 대한 다른 설명이 있을지 모르나 이것은 분명 창조주와 창조물의 관계를 완전히 바꿔 놓는 사건이었다. 인간은 하나님께 변화된 태도를 취함으로써 진정한 행복이 있는 창조주와 창조물의 관계를 파괴했다. 본질적으로 구원이란 하나님과 인간의 관계가 정상적인 창조주와 창조물의 관계로 회복되는 것을 의미한다.

만족스러운 영적 삶은 하나님과 인간의 관계에서 법적인 변화뿐 아니라 죄인의 본성 전체에 영향을 미치는 체험적인 변화로부터 시작된다. 예수님의 보혈로 말미암은 구속은 그러한 변화를 법적으로 가능케 하며, 성령님의 역사는 그 변화를 체험적으로 확실하게 한다. 탕자의 이야기는 후자의 경우를 친절히 설명한다. 그는 아버지의 아들로서 정당하게 차지했던 지위를 내던지며 문제를 불러왔다. 그의 회복은 사실상 그가 태어날 때부터 성립되었으나 죄악된 반역으로 잠시 깨졌던 부자 관계를 재성립함으로 이루어진다. 이 이야기는 구속의 법적 측면은 다루지 않지만 구원의 체험적 측면을 아름답고 명확하게 보여 준다.

관계들을 규정하려면 우리는 어딘가로부터 시작해야 한다. 곧 상대성이 개입하지 못하며 스스로 존재하고 다른 어떤 것도 대체할 수 없는 하나의 고정된 중심이 있어야 한다. 그러한 중심이 바로 하나님이시다. 하나님은 자신의 이름을 인간에게 알리고자 하셨을 때 "스스로 있는 자"라는 말보다 더 나은 것을 찾지 못하셨다.

하나님이 일인칭으로 말씀하실 때는 "나는 스스로 있는 자이다(I AM)"라고 하신다. 우리가 하나님에 대해 말할 때는 "그는 스스로 계시는 분이다(He is)"라고 하며, 우리가 그분께 말할 때는 "주님은 스스로 계시는 분이십니다(Thou art)"라고 한다. 하나님 이외의 모든 것이 그 고정된 지점으로 측정된다. 하나님만이 "나는 스스로 있는 자라", "나는 불변하노라"라고 말씀하실 수 있다.

선원이 바다에서 태양의 고도를 측정하여 자신의 위치를 알아내듯이 우리도 하나님을 바라봄으로 우리의 도덕적 향방을 알 수 있다. 우리는 하나님으로부터 시작해야 한다. 하나님과의 관계에서 올바른 위치에 있을 때에만 우리는 올바르다. 우리가 그 위치에서 벗어나 있다면 그만큼 오래, 그만큼 멀리 오류 가운데 있는 것이다.

하나님을 추구하는 그리스도인이 갖는 흔한 어려움은, 하나님을 그대로 받아들이고 자신의 삶을 그분께 맞춰 나가려 하지 않는 데서 비롯된다. 우리는 하나님을 제한하고 우리의 생각대로 하나님을 이끌려고 고집한다. 그러고는 하나님의 엄격한 선포에 대해 투덜거리며 육신적 방법을 조금만 허용해 달라고 구걸한다. 이것은 쓸데없는 짓이다.

우리는 실제 그대로의 하나님을 받아들이고 사랑하는 것을 배움으로써 올바른 출발을 할 수 있다. 그렇게 하나님을 더욱더 알게 될 때, 하나님이 바로 그런 분이시라는 사실로 인해 기뻐할 것이다. 그리고 우리에게 가장 황홀한 시간은 하나님을 경외하는 예배의 순간들이 될 것이다. 그 거룩한 순간에는 하나님이 변하신다는 생각을 하는 것조차 고통스러워 견딜 수 없게 된다.

그러므로 하나님으로부터 시작하자. 모든 것 뒤에, 모든 것 위에, 모든 것 앞에 하나님이 계신다. 그분은 순서상으로도 제일 첫 번째에, 지위와 위치상으로도 가장 위에, 위엄과 영광 가운데서도 가장 높이 올라 계시다. 또한 하나님은 자존하시는 분으로서 모든 것이 그분으로부터 나와서 그분을 위하여 존재한다. 성경은 이렇게 말한다. "하나님이여 영광과 존귀와 권능을 받으시는 것이 합당하오니 주께서 만물을 지으신지라 만물이 주의 뜻대로 있었고 또 지으심을 받았나이다"(계 4:11).

모든 영혼은 하나님께 속하며 그분의 즐거움을 위해 존재한다. 하나님이 하나님 되시고 인간이 인간 되려면 하나님의 온전한 주 되심과 인간의 완전한 복종이 필요하다. 모든 영광은 하나님의 것이며, 우리가 할 수 있는 일은 영광을 그분께 드리는 것이다. 우리의 영원한 비애는 하나님보다 못한 것을 그분께 드리는 데 있다.

하나님을 추구하는 것은 우리의 전인격을 그분의 인격에 맞추려는 실제적인 노력을 포함한다. 나는 여기서 오직 믿음으로 말미암는 칭의에 관해 말하는 것이 아니다. 내가 말하려는 바는 자발적으로 하나님을 마땅히 계셔야 할 위치로 높여 드리는 것,

올바른 창조주와 창조물의 관계 가운데서 이루어지는 경건한 복종의 자리에 우리의 전체를 기꺼이 내어 드리는 것이다.

우리가 하나님을 모든 것 위에 높이 받들겠다는 결심으로 계속 나아가기를 결정하는 순간, 우리의 발걸음은 이 세상의 행렬에서 벗어난다. 거룩한 길로 전진하는 동안 점차적으로 세상 방법들에서 벗어난 우리 자신을 발견하게 될 것이다. 그리고 우리는 새로운 관점을 습득할 것이다. 전과 다른 새로운 심리 상태가 우리 안에 형성된다. 조수와 같이 밀려오고 밀려 나가는 새로운 힘에 우리는 놀란다.

세상과의 결별은 우리와 하나님과의 변화된 관계에서 나오는 직접적인 산물이다. 타락한 인간 세상은 하나님을 경외하지 않기 때문이다. 수많은 사람이 하나님의 이름을 부르며 나름대로 존경을 표하지만, 간단한 시험을 해 보면 하나님이 그들 가운데서 존경을 받지 못하고 계시다는 사실이 밝혀질 것이다. 한 사람에게 하나님과 돈, 하나님과 인간, 하나님과 야심, 하나님과 자신, 하나님과 인간적 사랑 사이에서 우선순위를 선택하도록 강요해 보라. 그러면 하나님은 매번 두 번째 위치에 놓일 것이다. 그 사람이 매일 내리는 결정들이 그 증거가 된다.

"주님은 존귀하십니다"라는 고백은 영적 승리를 경험한 사람의 입에서 나오는 말이다. 그것은 거대한 은혜의 보물로 인도하는 문을 여는 작은 열쇠로, 우리 영혼 안에 계시는 하나님의 생명에서 비롯된다. 간절히 하나님을 찾고 있다면 삶과 입술로 "주님은 존귀하십니다"라고 계속 고백해 보라. 그러면 수천 가지 문제가 즉각 해결될 것이다.

이제 그의 삶은 더 이상 복잡하지 않고 단순함 그 자체가 된다. 그는 자신의 의지로 진로를 정했으며, 마치 자동비행장치에 의해 인도함을 받듯이 그 궤도 안에 머물게 될 것이다. 역경의 바람에 날려 잠깐 그 길에서 벗어나는 때가 있을지라도 그는 신기한 영혼의 성향에 의해 반드시 되돌아온다. 그를 위해 보이지 않는 성령님이 일하고 계시며 '궤도를 도는 별들'도 그의 편이 되어 싸운다.

그는 삶의 문제들을 그 중심에서 당면했기에 다른 것들도 뒤따라 해결될 수밖에 없다. 자신을 남김없이 하나님께 드린 자발적인 행동 때문에 그가 인간의 위엄을 잃게 되리라는 상상은 하지 말라. 그는 그 행동으로 인해 인간으로서 자신의 지위를 잃지 않는다. 오히려 창조주의 형상으로 만들어진 존재로서 정당하게 높은 영예의 자리에 있을 것이다. 그의 수치는 하나님의 지위를 침해하는 데서 오며, 명예는 그 빼앗은 자리를 다시 돌려드림으로써 회복된다. 모든 것 위에 하나님을 높이 올림으로써 그는 높이 들린 자신의 영예를 발견하게 된다.

자신의 의지를 하나님의 의지에 항복하기를 꺼리는 사람은 "죄를 범하는 자마다 죄의 종이라"(요 8:34)라고 하신 예수님의 말씀을 기억해야 한다. 우리는 필연적으로 하나님 아니면 죄의 종이다. 죄인은 자기가 죄에 속한 무력한 노예라는 사실에 대해서는 완전히 눈감아 버린 채 자신이 독립된 존재라고 자랑한다. 그리스도에게 항복한 사람은 잔인한 주인 대신 자상하고 온유한 주인을 맞게 되는데, 그 주인의 멍에는 쉽고 짐은 가볍다.

우리가 하나님의 형상으로 만들어졌기 때문에 하나님을 우리의 전부로 다시 맞아들이는 일은 조금도 이상하지 않다. 하나님은 본래 우리의 거할 곳이었다. 우리는 옛적의 그 아름다운 거주지로 되돌아갈 때 내 집 같은 평온함을 느낄 수밖에 없다.

나는 하나님의 지고하심 이면에 숨은 어떤 논리가 좀 더 명확해지기를 바란다. 땅에서나 하늘에서나 최고의 자리는 하나님의 것이다. 하나님의 자리를 우리가 차지하고 있는 동안 삶의 질서는 뒤죽박죽이 되고 만다. 하나님이 모든 것 위에 가장 높이 계시다는 위대한 결정을 내릴 때까지는, 그 무엇도 이 뒤죽박죽된 질서를 회복시켜 줄 수 없다.

하나님은 이스라엘의 제사장에게 "나를 존중히 여기는 자를 내가 존중히 여기고"(삼상 2:30)라고 말씀하셨다. 오래된 하나님 나라의 법은 시간의 경과와 제도의 변화에 상관없이 오늘날도 그대로 있다. 성경 전체와 역사가 이 법의 영속성을 선포한다. 우리 주 예수님은 "사람이 나를 섬기면 내 아버지께서 그를 귀히 여기시리라"(요 12:26)라고 말씀하시며, 그 옛 법을 새 법과 연결 짓고 사람을 향한 하나님의 본질적 일관성을 나타내셨다.

때때로 사물을 보는 최선의 방법은 정반대 편에서 보는 것이다. 엘리와 아들들은 생활과 직무로 하나님을 영화롭게 해야 할 제사장직에 임명되었지만 실패했다. 그 결과 하나님은 사무엘을 부르신다. 하나님을 영화롭게 하는 자에게 영광을 주시는 그분의 법이 비밀히 작용하다가 결국 엘리가 모르는 사이 심판의 시간이 왔다.

타락한 제사장인 홉니와 비느하스가 전장에서 죽임을 당하고, 비느하스의 아내는 출산 중에 죽고, 이스라엘은 대적 앞에서

도망하고, 하나님의 궤는 블레셋에게 빼앗기고, 늙은 엘리는 뒤로 넘어가 목이 부러져 죽는다. 하나님을 영화롭게 하기 위하여 이 끔찍한 비극이 엘리의 실패에 뒤따른 것이다.

그러면 이제는 반대편에 하나님을 영화롭게 하려고 노력했던 성경 인물을 세워 보라. 아브라함, 야곱, 다윗, 다니엘, 엘리야 등 아무라도 좋다. 하나님이 그분의 종들에게 말로 다할 수 없는 은혜와 축복을 부으실 때 어떻게 자기 종들의 연약함과 실패를 간과해 주셨는지 보라. 이들에게는 씨 뿌린 후에 추수가 따르듯이 영광에 영광이 뒤따랐다. 하나님의 사람들은 모든 것 위에 하나님을 높이겠다고 자신의 마음을 정했다. 하나님은 그들의 의도를 사실로 받아들이고 행동하셨다. 그들이 완전해서가 아니라 거룩한 의도를 가졌기 때문이다.

우리 주 예수 그리스도의 생애에서 이 법은 단순하고 완전하게 나타난다. 그분은 비천한 인간의 모습으로 자신을 낮추시며 하늘의 하나님께 모든 영광을 돌리셨다. 그분은 자신의 영광이 아니라 자기를 보내신 하나님의 영광을 구했다. 한번은 이렇게 말씀하셨다. "내가 내게 영광을 돌리면 내 영광이 아무 것도 아니거니와 내게 영광을 돌리시는 이는 내 아버지시니 곧 너희가 너희 하나님이라 칭하는 그이시라"(요 8:54). 거만한 바리새인들은 이 법에서 너무도 멀리 떠나 있었기 때문에 자기를 희생하여 하나님께 영광 돌리시는 분을 이해할 수 없었다. 예수님은 그들에게 말씀하셨다. "나는 귀신 들린 것이 아니라 오직 내 아버지를 공경함이거늘 너희가 나를 무시하는도다"(49절).

물의를 일으킨 예수님의 말씀 가운데 하나는 질문형이었다. "너희가 서로 영광을 취하고 유일하신 하나님께로부터 오는 영광은 구하지 아니하니 어찌 나를 믿을 수 있느냐"(요 5:44). 그리스도께서는 이 놀라운 교훈을 통해 사람들이 품은 영광에 대한 욕망이 믿음을 불가능하게 한다고 가르치셨다.

불신의 뿌리에 있는 것이 이 욕망 아닐까? 믿지 못하게 만드는 '지적인 어려움'은 단지 그 뒤에 숨겨진 진짜 원인을 감추려는 연막이 아닐까? 사람을 바리새인으로 만들고, 바리새인을 예수님 죽이는 자로 만든 것이 바로 인간들로부터 영광을 구하는 게걸스러운 욕망 아니었을까? 이것이 종교적인 자기 의와 실속 없는 예배의 진상이 아닐까? 아마 그럴 것이라고 나는 생각한다. 하나님을 하나님의 위치에 두지 못하여 생의 방향이 혼란에 빠진다. 하나님 대신 우리 자신을 높이면 저주가 뒤따른다.

하나님 역시 갈망을 갖고 계시며, 그분의 갈망은 하나님을 모든 것 위에 높이겠다는 단호한 결정을 내린 사람들에게로 향한다. 하나님은 그러한 사람들을 땅이나 바다의 모든 보물보다 귀하게 여기신다. 그리고 그리스도 예수 안에서 우리를 향한 자신의 극진한 인자를 나타낼 현장을 그들 가운데서 발견하신다. 하나님은 방해 없이 우리와 동행하실 수 있고, 우리를 향해 실제 그대로의 하나님으로 행동하실 수 있다.

이와 같이 말할 때 내가 느끼는 한 가지 두려움은, 하나님 앞에서 생각만 있으면 마음은 절로 따라간다는 잘못된 확신을 주게 될까 하는 것이다. 그러나 '하나님 제일주의'(God-above-all)는 취하기 쉬운 태도가 아니다. 마음의 동의 없이도 그 태도를 인정할 수 있다. 상상은 하나님을 영화롭게 하고자 앞서 달리지만 의지는 뒤에서 머뭇거릴 수 있는데, 이렇게 마음이 나뉠 수 있음을 이해하지 못하는 사람도 있다. 마음이 진정한 만족을 알기 전에 전인(the whole man)이 결정을 내려야 한다. 하나님은 우리 전체를 원하시므로 이것을 얻기 전에는 쉬지 않으실 것이다.

우리 자신을 하나님의 발 앞에 던진 채 진지하고 구체적으로 다음과 같이 기도하자.

"하나님, 저의 모든 소유 위에 높이 들리소서. 저의 삶을 통해 주께서 영광을 받으신다면 이 세상 어떠한 보물도 저에게 귀하지 않습니다. 하나님, 저의 인간관계 위에 높이 들리소서. 제가 버림받고 지구 한가운데 홀로 서 있을지라도 주님을 모든 것 위에 높이기로 마음에 작정하였습니다. 주님, 저의 안락함 위에 높이 들리소서. 육신의 즐거움을 버리고 무거운 십자가를 짊어져야 할지라도 저는 주님 앞에 드린 약속을 지키겠습니다. 주님, 저의 명성 위에 높이 들리소서. 제가 무명의 존재로 가라앉고 제 이름이 꿈같이 잊힐지라도 주님을 기쁘게 해 드리는 것을 소원하게 하소서."

진심으로 기도하는 사람이라면 하나님이 인정하셨다는 증거를 얻기 위해 오래 기다릴 필요가 없다. 하나님은 그 종의 눈앞에 자신의 영광을 드러내실 것이요, 자신의 모든 보물을 그의 뜻에 맡기실 것이다. 그분은 자신의 영예가 헌신하는 손 안에 있을 때 안전하다는 사실을 아시기 때문이다.

PRAY

주여, 마땅히 취하실 영광의 자리에 오르소서.
저의 야심, 제가 좋아하는 것과 싫어하는 것,
저의 가족, 건강, 생명 위에 오르소서.
주님께서 흥하시기 위해 저를 쇠하게,
주님께서 높아지시기 위해 저를 낮아지게 하소서.
주님이 천한 짐승인 나귀 새끼 위에 타시고
예루살렘에 들어가셨듯이 제 위에 높이 들리소서.
그래서 주님을 향해 "가장 높은 곳에서 호산나!"라고
외치던 그 어린아이들의 소리를 듣게 하소서.
예수님의 이름으로 기도합니다. 아멘.

09
•

온유와 안식

온유한 자는 복이 있나니
그들이 땅을 기업으로 받을 것임이요
(마 5:5)

A. W. TOZER

팔복의 내용을 뒤집는 것은 인간에 대한 꽤 정확한 묘사가 될지 모른다. 팔복에 있는 미덕들의 정반대가 인간 삶을 식별하는 특성이기 때문이다. 인간 세계에서는 산상수훈의 첫 부분에서 예수님이 말씀하신 미덕들과 비슷한 그 무엇도 발견할 수 없다.

우리는 심령이 가난한 자 대신 교만한 사람들을, 애통하는 자가 아니라 쾌락 추구자들을, 온유한 자가 아니라 거만한 사람들을, 의에 굶주린 자가 아니라 "나는 부유해서 아무것도 필요치 않다"라고 말하는 사람들을, 긍휼히 여기는 자가 아니라 잔인한 사람들을, 마음이 청결한 자 대신 생각이 썩은 사람들을, 화평케 하는 자 대신 다투고 성마른 사람들을, 핍박 중에 즐거워하는 자 대신 가진 모든 무기를 사용해서 맞싸우는 사람들을 보게 된다.

문명사회는 이 같은 종류의 도덕적 폐물로 오염되어 있다. 우리는 호흡할 때마다 그것을 빨아들인다. 문화나 교육이 이러한 현실을 약간 교정할 수는 있어도 근본적으로 개선시킬 수는 없다. 문학의 세계는 그러한 삶을 정당화하려는 노력을 계속해 왔다. 놀라운 사실은 삶을 고통스러운 투쟁으로 만드는 것들이 모두 우리 안에 있다는 점이다. 번민과 육신의 질병은 대부분 우리의 죄로 인해 발생한다. 교만, 거만, 분개, 악의, 탐욕 등이 육체를 괴롭혀 온 모든 질병보다 더 큰 인간 고통의 근원이다.

이 같은 세상에 예수님의 음성이 놀랍고 낯설게 하늘로부터 들려온다. 그분이 말씀하시는 것은 참으로 좋은 일이다. 누구도 그렇게 말할 수 없다. 또한 우리가 그분의 말씀을 듣는 것도 좋은 일이다. 그 말씀은 진리의 정수이기 때문이다. 예수님은 의견을 제시하거나 추측하지 않으셨다. 그분은 아셨다. 또한 지금도 알고 계신다. 그분의 말씀은 솔로몬의 지혜로운 판단이나 세밀한 관찰의 결과 같은 것이 아니다. 예수님은 신성의 충만함 가운데서 말씀하셨으며, 그분의 말씀은 진리 그 자체이다.

예수님만이 완전한 권위를 가지고 "복되다"라고 말씀하실 수 있다. 하늘로부터 인류에게 복을 주러 오셨기 때문이다. 그분의 말씀은 이 세상 누구도 행할 수 없는 위대한 행위로 뒷받침되었다. 그러므로 그분의 말씀을 귀 기울여 듣는 것이 참된 지혜다.

예수님은 종종 짧고 명료한 문장 가운데 '온유'라는 단어를 사용하셨는데, 마태복음에서는 이 단어를 우리 삶에 적용하시며 더 자세히 말씀하신다. "수고하고 무거운 짐진 자들아 다 내게로 오라 내가 너희를 쉬게 하리라 나는 마음이 온유하고 겸손하니 나의 멍에를 메고 내게 배우라 그리하면 너희 마음이 쉼을 얻으리니 이는 내 멍에는 쉽고 내 짐은 가벼움이라"(마 11:28-30).

이 말씀에서 우리는 짐과 안식의 대비를 보게 된다. 짐은 당시 처음 들은 사람들에게만 해당되는 것이 아니라 온 인류가 지고 있는 것이다. 또한 짐은 정치적 압박, 고된 노동, 빈곤보다 훨씬 근본적인 것이다. 가난한 자뿐 아니라 부자도 느끼며, 부와 게으름조차 이 짐에서 우리를 건져 줄 수 없기 때문이다.

인류가 지고 있는 짐은 무겁고 압도적이다. 예수님이 사용하신 '짐'(burden)이라는 단어는 극도의 피로로 지친 상태에 이르게 할 정도의 부담과 수고를 의미한다. '안식'은 이 짐으로부터 해방되는 것으로, 무엇을 행할 때가 아니라 행하기를 그칠 때 우리에게 온다. 예수님의 온유함, 이것이 바로 안식이다.

우리의 짐을 살펴보자. 이는 모두 내적인 것이고, 우리 마음과 생각을 공격하며 내부에서 신체에 영향을 미치는 것이다. 첫째로 '교만'의 짐이 있다. 자기 사랑이라는 노동은 진정으로 무거운 짐이다. 슬픔의 많은 부분이 당신을 무시하는 태도로 말하는 사람들 때문은 아닌지 생각해 보라. 당신이 스스로를 어떤 충성을 받아야 할 작은 신으로 세워 놓는 한, 거기에는 당신의 우상에 모욕 주기를 좋아할 사람들이 있을 것이다. 그렇다면 어떻게 해야 당신이 내적 평화를 누릴 수 있겠는가?

모든 모욕으로부터 자신을 방어하려는 노력, 곧 다른 사람의 부정적인 의견으로부터 상처받기 쉬운 명예를 수호하려는 노력은 결코 정신적 쉼을 주지 못한다. 이 노력을 계속해 보라. 그러면 짐은 견딜 수 없을 정도로 커질 것이다. 그럼에도 우리는 자신을 대항하는 모든 말에 반박하면서, 비난 앞에 움츠러들면서, 상상 속의 모욕에 분개하면서, 다른 사람이 자기보다 더 나으면 잠을 이루지 못하고 뒹굴면서 계속 이 짐을 지고 다닌다.

이러한 짐은 질 필요가 없다. 예수님은 자신의 안식으로 우리를 부르시는데, 그 안식에 이르는 길은 온유이다. 온유한 사람은 누가 자기보다 큰지 전혀 개의치 않는다. 그 사람은 이미 오래전에 세상의 존경을 얻기 위해 노력하지 않겠다고 결정했기 때문이다. 그는 온화한 유머 감각을 기르면서 자기를 향해 이렇게 말하기를 배운다. "아, 네가 그렇게 무시를 당했는가? 그들이 다른 사람을 너보다 위에 두었다고? 네가 아주 초라한 놈이라고 말했다지? 그런데 그것은 네가 이미 스스로에 대해 고백한 말이 아닌가? 어제 너는 하나님 앞에 너 자신이 아무것도 아닌 벌레라고 고백하지 않았는가? 그럼에도 이 세상이 너에 대해 그렇게 말했다고 상처를 받는가? 너의 견실함은 어디 갔는가? 이리 와서 너 자신을 낮추고 사람들이 무어라 생각하든 개의치 말라."

온유한 사람은 열등감으로 고통받는 겁쟁이가 아니다. 오히려 그런 사람은 도덕적 생활에서 사자처럼 담대하고 삼손처럼 강하다. 그리고 그는 자기를 속이는 일을 멈추고 자신에 대한 하나님의 평가를 받아들였다. 그는 하나님의 평가처럼 자신이 연약하고 무능한 존재임을 안다. 동시에 자신이 하나님 보시기에 천사보다 더 소중한 존재임을 안다. 그 스스로는 아무것도 아니지만, 하나님께 그는 모든 것이다. 이것이 온유한 자의 신조다.

세상은 결코 하나님이 보시듯 그를 보지 않을 것이다. 그는 이를 잘 알기에 염려를 그치고 하나님이 보시는 자신의 가치에 만족하며 편안히 쉰다. 그는 모든 것이 제값의 가격표를 달고 진짜 가치를 드러낼 그날을 참고 기다린다. 그때에 의로운 자는 아버지의 나라에서 빛날 것이다. 그가 그날을 즐거이 기다리는 동안 그의 영혼은 안식의 처소에 다다를 것이다. 온유함 가운데 그는 하나님의 변호를 바라며 자신을 기꺼이 맡긴다. 스스로를 변호하던 옛날의 투쟁은 지나갔다. 온유함이 가져다주는 평안을 발견했기 때문이다.

둘째로 '가면'의 짐이 있다. 여기서 가면이란 위선을 의미하는 것이 아니라, 좋은 모습만 보여 주고 진정한 내적 궁핍은 숨기려는 인간 공통의 욕구를 말한다. 죄는 우리에게 악한 속임수를 써왔는데 그중 하나가 우리 안에 거짓된 수치감을 불어넣은 것이다. 꾸밈없이 자신의 모습 그대로를 드러낼 수 있는 사람은 하나도 없다. 드러날 것에 대한 두려움은 마음속에서 갉작거리는 쥐처럼 쉴 새 없이 우리를 괴롭힌다. 문화인은 언젠가 자기보다 더 개화된 사람을 만날까 봐 두려움에 사로잡혀 있다. 박식한 사람은 자기보다 더 해박한 사람을 만날까 봐 두려워한다. 부자는 자기의 옷이나 승용차나 집이 초라해 보일까 봐 불안해한다.

이 문제를 가볍게 웃어넘기지 말도록 하라. 가면의 짐은 실제적이며, 이 악하고 부자연스러운 삶의 방식은 사람들의 영혼을 조금씩 죽음으로 몰고 간다. 내면을 좀먹는 병에 걸린 사람들에게 예수님은 말씀하신다. "너희는 어린아이와 같아져야 한다." 어린아이들은 비교하지 않기 때문이다. 어린아이들은 자신이 가진 것을 다른 것이나 다른 사람과 관련짓지 않고, 그 자체가 주는 즐거움을 누린다. 하지만 나이가 들고 죄가 그들 마음속에서 꿈틀대기 시작하면서 질투와 시기가 나타난다. 그때에는 누군가 더 크고 좋은 것을 가졌을 때 자신이 가진 것으로 만족할 수 없게 된다. 속을 태우는 이 짐은, 예수님이 자유롭게 하실 때까지 절대로 그들을 떠나지 않는다.

이 가면의 짐은 '위장'에서 비롯된다. 어떤 사람들은 누군가가 자신의 가난하고 텅 빈 영혼을 들여다볼지도 모른다는 두려움 속에 살고 있다. 그래서 그들은 긴장을 풀지 못한다. 똑똑한 사람들은 자기가 평범하거나 어리석은 말을 할까 봐 경계한다. 여행가들은 자신이 가 보지 못한 머나먼 곳을 가 본 마르코 폴로(Marco Polo) 같은 사람을 만날까 봐 두려워한다.

이런 부자연스러운 상태는 죄의 슬픈 유산임에도, 오늘날 우리의 모든 생활 방식에 의해 더욱 악화되고 있다. 광고는 이 가식적인 습관에 크게 의존하고 있다. 실제의 모습과 달리 보이려는 욕망을 계속 이용함으로 책, 옷, 화장품이 팔린다. 학문의 다양한 분야에서 '교육 과정'은 파티 석상에서 빛을 내기 원하는 사람들의 욕구에 호소한다.

뛰어나 보이려는 악한 욕구에서 비롯된 위장은, 우리가 예수님의 발 앞에 무릎 꿇고 자신을 그분의 온유함에 맡기는 순간 떨어져 나갈 하나의 저주다. 그때에 우리는 하나님이 기뻐하시는 한 사람들이 자신을 어떻게 생각하든 개의치 않게 될 것이다. 꾸며 낸 모습이 아니라 참모습 그대로의 자신이 될 것이다. 사람들에게 어떻게 보이는가는 관심 밖으로 밀려날 것이다. 죄 외에 우리가 부끄러워할 것은 하나도 없다.

사람들의 마음은 교만과 가면의 짐 아래서 무너지고 있다. 그리스도의 온유함을 떠나서는 이 짐에서 놓일 수 없다. 훌륭하고 예리한 이론이 약간의 도움을 줄지 모르겠지만 이 악은 너무도 강해서 한쪽을 누르면 다른 한쪽에서 터져 나올 것이다. 예수님은 모든 사람에게 말씀하신다. "내게로 오라 내가 너희를 쉬게 하리라"(마 11:28). 그분이 주시는 쉼은 온유, 다시 말해 우리가 자신의 참모습을 받아들이고 위장을 멈출 때 오는 복된 안식이다.

처음에는 용기가 필요하겠지만 곧 우리가 하나님의 아들과 이 새롭고 쉬운 멍에를 나누어 지고 있다는 사실을 깨닫도록 은혜가 따를 것이다. 예수님은 그것을 "나의 멍에"라고 부르시며, 우리와 함께 걸으신다.

PRAY

주여, 저를 어린아이와 같게 하소서.

저는 꾸밈없고 단순하게 되고자 합니다.

위신이나 지위 때문에 다른 사람과

경쟁하려는 충동에서 저를 구하소서.

교만과 가면의 집에서 저를 건지소서.

스스로를 높여 생각하는 것을 용서하소서.

제 자신을 잊고 주님을 바라보는 데서

진정한 평안을 발견하도록 도와주소서.

주님 앞에 저를 낮추오니 이 기도를 들어 주소서.

자신을 잊는 주님의 쉬운 멍에를 지우사 안식을 얻게 하소서.

예수님의 이름으로 기도합니다. 아멘.

PURSUIT OF GOD

10

성례의 삶

그런즉 너희가
먹든지 마시든지 무엇을 하든지
다 하나님의 영광을 위하여 하라
(고전 10:31)

A. W. TOZER

그리스도인이 내적 평안에 이르는 것을 방해하는 큰 장애물 가운데 하나는, 우리의 생활을 신성한 영역과 세속적 영역으로 나누는 일반적 습관이다. 두 영역이 따로 존재하며 도덕적으로도 영적으로도 상반된다고 이해하기 때문에 통일된 삶이 아니라 분리된 삶을 살게 된다. 또한 필요에 의해 어쩔 수 없이 두 영역을 넘나들어야만 한다고 생각하기 때문에 내적 삶은 쉽사리 무너지게 된다.

우리의 어려움은 그리스도를 따르는 두 세계, 즉 영적 세계와 자연 세계에서 동시에 살아간다는 사실에 있다. 우리는 아담의 자손으로서 인간성의 상속물인 육신, 연약, 질병이라는 한계의 지배를 받으며 살 수밖에 없다. 세상에서의 삶은 힘든 수고, 많은 염려, 사물에 대한 관심을 요구한다. 이와 뚜렷이 대조되는 것이 성령님과 동행하는 삶이다. 참된 그리스도인은 성령님과 동행하며 더 높은 차원의 삶을 누린다. 그리고 하나님의 자녀라는 신분으로 그분과의 친밀한 교제를 즐긴다.

이러한 사실은 자칫 삶을 두 부분으로 나눌 수 있다. 우리가 무의식적으로 행위를 이분하게 되기 때문이다. 하나는 하나님을 기쁘게 해 드리고 있다는 만족감과 굳은 확신으로 행해지는 행위이다. 이는 기도하기, 성경 읽기, 찬송 부르기, 교회 출석하기와 같이 믿음으로 하는 경건한 행동들이다. 이 행동들은 세상과 직접적인 관계가 없으며 믿음이 우리에게 다른 세상, 즉 손으로 지은 것이 아니라 "하늘에 있는 영원한 집"(고후 5:1)을 보여 주지 않는다면 어떤 의미도 갖지 못한다.

이 신성한 행위의 반대쪽에 있는 다른 하나는 세속적 행위다. 여기에는 우리가 아담의 아들딸과 동일하게 행하는 모든 일반적 행동들이 포함된다. 먹는 것, 자는 것, 일하는 것, 곧 몸의 필요를 돌보며 단조롭고 평범한 임무들을 행하는 것이다.

종종 우리는 시간과 힘을 낭비하고 있다는 생각으로 하나님께 사죄하면서, 이런 일들을 마지못해 한다. 깊은 좌절감과 불안감으로 시름에 잠겨서는 언젠가 세상의 껍질을 벗고 세상일로 괴로워하지 않을 더 좋은 날이 오겠지 하면서 말이다. 이는 오래전부터 있던 "신성과 세속의 이분법(sacred-secular antithesis)"에 대한 이야기이다.

대부분의 그리스도인이 이 덫에 걸린다. 그들은 두 세계의 요구 사이에서 만족스럽게 적응하지 못한다. 두 기둥 사이에 있는 팽팽한 밧줄 위에서 어느 쪽을 향해서든 걸으려 애쓰지만 평안을 찾지 못하는 것과 같다. 그들의 힘은 약해지고 관점은 뒤섞이며 기쁨은 사라져 버린다.

많은 그리스도인이 진퇴유곡에 빠진 것은 사실이지만, 나는 이러한 상태가 불가피하다고 믿지 않는다. 이것은 오해의 산물이다. 신성과 세속이 나뉜다는 근거를 신약에서 찾을 수 없기 때문이다. 의심의 여지 없이 기독교 진리에 대한 온전한 이해가 우리를 구출할 것이다.

주 예수 그리스도는 우리의 완전한 모범이신데, 그분은 분리된 삶을 알지 못하셨다. 예수님은 아기 때부터 십자가에서 죽으실 때까지 아버지의 임재 가운데 긴장 없이 사셨다. 하나님은 그분의 삶 전체를 제물로 받으셨고 행동과 행동 사이에 구별을 짓지 않으셨다. "나는 항상 그가 기뻐하시는 일을 행하므로"(요 8:29)라는 말씀은 자신의 삶을 아버지와 관련지어 간략히 요약한 것이다. 예수님은 사람들과 왕래하실 때 균형 잡히고 안정감 있는 모습이셨다. 그분이 감당한 압력과 고통은 이 세상 죄를 지고 가는 어린양으로서의 역할 때문이었지, 도덕적 불확실성이나 영적 불균형의 결과는 아니었다.

"먹든지 마시든지 무엇을 하든지 다 하나님의 영광을 위하여 하라"(고전 10:31)라는 바울의 권면은 경건한 이상 같은 것이 아니다. 신성한 계시의 필수 요소이며 진리의 말씀으로 받아들여야 하는 것이다. 이 권면은 삶의 모든 행위로 하나님의 영광에 기여할 수 있다는 가능성을 열어 준다. 우리의 모든 행위가 이 가능성에 포함되도록 바울은 구체적으로 먹는 것과 마시는 것을 언급한다. 먹고 마시는 동물적 행동도 하나님께 영광을 돌리기 위한 것이 될 수 있다면, 다른 행동들은 더욱 그렇지 않겠는가?

어느 작가들의 작품에서 두드러지게 나타나는 신체에 대한 멸시는 말씀의 지지를 받지 못한다. 성경이 일반적인 정숙함을 가르치는 것은 사실이나, 가식적인 행위나 거짓된 수치감은 결코 가르치지 않는다. 신약은 예수님이 인간의 몸을 입으신 성육신을 당연한 사실로 받아들인다. 주님은 사람들 사이에서 육신으로 거하셨고 한 번도 비신성한 행동(non-sacred act)을 하신 적이 없었다. 그분이 사람의 몸으로 오셨다는 사실은, 사람의 몸에 신성에 위배되는 것이 있다는 악한 관념을 완전히 쓸어버린다.

하나님이 우리의 몸을 만드셨다. 그러므로 우리는 몸에 책임을 지움으로써 하나님을 슬프게 해 드려서는 안 된다. 하나님은 자신의 손으로 만드신 작품을 부끄러워하지 않으신다.

인간이 자신의 능력을 악용하고, 오용하고, 남용하는 것은 수치를 당할 충분한 근거가 된다. 우리의 의지가 도덕적 악을 유도할 때 창조주 하나님이 만드신 순수하고 무해한 능력은 상실된다. 죄 가운데서 자연에 거슬러 행해진 육체의 행동들은 결코 하나님을 영화롭게 할 수 없기 때문이다.

그러나 이와 반대의 상태를 가정하여 회개와 중생이라는 두 이적이 일어난 한 그리스도인을 떠올려 보자. 그는 하나님의 뜻에 따라 살고 있다. 우리는 기도, 세례, 성만찬과 똑같이 그의 모든 행위가 "진정으로 신성하다"라고 말한다. 이는 모든 행위를 예식이라는 하나의 죽은 단계로 끌어내리는 것이 아니다. 오히려 살아 있는 하나님 나라 안으로 끌어올려 전체 삶을 하나의 성례식으로 변화시키는 것이다. 성례식이 내적 은혜의 외적 표현이라는 점에서, 이 논리를 인정하는 데 주저할 필요가 없다.

우리는 자신의 전부를 하나님께 헌신함으로 모든 행위가 그 헌신을 표현하게끔 만들 수 있다. 예수님이 예루살렘에 입성하실 때 타신 천한 짐승을 부끄러워하지 않으신 것처럼, 우리 또한 삶을 이어 가게 하는 육신을 부끄러워해서는 안 된다. "주께서 쓰시겠다"라는 말씀은 죽을 수밖에 없는 우리의 육체에도 적용된다. 그리스도께서 우리 안에 거하신다면 우리도 옛날 그 작은 짐승처럼 영광의 주님을 모시고 다닐 수 있으며, 사람들이 "가장 높은 곳에서 호산나"라고 외칠 계기를 만들 수 있다.

이 진리를 아는 것만으로는 충분치 않다. 신성과 세속의 이분법에서 헤어 나오려면 이것이 우리의 피 속에 흘러야 하고 사고의 양상을 지배해야 한다. 우리는 의지적으로 하나님의 영광을 위해 살아야 한다. 그 진리를 묵상하며 기도 가운데 하나님과 이야기하고 사람들과 왕래할 때, 그것에 대한 깨달음이 우리 마음을 사로잡기 시작할 것이다. 우리가 하나님의 소유라는 지식, 즉 그분이 우리의 전부를 받으셨고 아무것도 거절치 않으셨다는 지식은 내적 삶을 통일시키며 모든 것을 성스럽게 만든다.

하지만 오랫동안 지녀 온 습관은 쉽사리 사라지지 않는다. 신성과 세속에 대한 이중 심리로부터 완전히 벗어나려면 지혜로운 사고와 경건한 기도를 많이 해야 한다. 매일의 수고가 예수 그리스도에 의해 하나님이 받으실 만한 예배가 될 수 있다는 생각을 하기란 쉽지 않을 것이다. 익숙한 딜레마가 떠오르며 마음의 화평을 뒤흔들 것이다. 옛 뱀 마귀가 굴복하지도 않을 것이다. 마귀는 자동차 안, 책상 앞, 공원에서 우리가 하루의 더 좋은 부분을 세상일에 소모하고 아주 사소한 부분만을 종교적 임무에 사용한다고 생각하게 만들 것이다. 이런 속삭임에 주의하지 않는다면 혼돈과 낙망과 우울한 마음이 찾아들 것이다.

우리는 믿음을 적극적으로 활용하여 여기에 성공적으로 대처할 수 있다. 삶 전체를 하나님께 드리고 주님이 그것을 받으신다고 믿어야 한다. 이 믿음을 굳게 고수하고 주야의 매시간, 모든 행동이 하나님과의 약속 안에 포함되어 있음을 계속 주장하라. 기도 시간마다 우리의 모든 행위가 하나님의 영광을 위한 것임을 상기하라. 그리고 인생의 과업으로 수고하는 동안 생각날 때마다 짤막한 기도(thought-prayer)를 드리며 개인 기도 시간을 보완하라. 모든 일을 제사장의 일로 만드는 이 훌륭한 기술을 실습하도록 하자. 작은 행위 안에도 하나님이 계심을 믿고, 그것에서 그분을 발견하기를 배우자.

이제껏 이야기해 온 잘못에 부수적으로 따라오는 것은 장소에 적용되는 신성과 세속의 이분법이다. 신약을 읽으면서도 여전히 어떤 장소를 구별하여 고유한 성역이라고 여기는 경향이 있다. 이러한 생각은 널리 퍼져 있어서 이것에 대항하여 싸울 때 굉장한 외로움을 느끼게 된다. 많은 사람을 물들인 잘못된 신념을 간파하기란 어려운 일이다. 이 신념은 수 세기에 걸쳐 모든 신약의 가르침에 정면으로 도전하며 언급되어 왔고, 기독교의 교훈이 아님에도 그 일부로 받아들여져 왔다.

이제 내가 아는 사실들을 말하겠다. 400년 동안 애굽에 거하며 우상 숭배를 저질렀던 이스라엘 백성은 모세의 손에 이끌려 나와 약속의 땅으로 향한다. 그런데 그들은 거룩함에 대한 개념을 잊은 상태였다. 하나님은 이를 바로잡기 위해 구름과 불 속으로 자신의 위치를 국한하셨고, 성막이 지어졌을 때는 불 같은 모습으로 지성소에 거하셨다.

또한 하나님은 이스라엘 백성에게 거룩한 것과 거룩하지 않은 것의 차이를 상세히 가르치셨다. 거룩한 날들, 거룩한 그릇들, 거룩한 옷들, 씻는 방법, 희생 제물을 구별하셨다. 하나님은 그들에게 물건이나 장소의 거룩함을 가르치신 것이 아니다. 이를 통해 이스라엘 백성이 얻어야 할 교훈은 바로 여호와의 거룩하심이었다.

그다음에 그리스도께서 나타나셔서 이렇게 말씀하셨다. "옛 사람에게 말한 바를 너희가 들었으나, 나는 너희에게 이르노니." 구약의 수업은 지나갔다. 그리스도께서 십자가에서 돌아가셨을 때 성전의 휘장이 위에서 아래로 찢어졌다. 이제 지성소는 믿음으로 들어가고자 하는 모든 사람에게 열려 있다.

"이 산에서도 말고 예루살렘에서도 말고 너희가 아버지께 예배할 때가 이르리라 … 아버지께 참되게 예배하는 자들은 영과 진리로 예배할 때가 오나니 곧 이 때라 아버지께서는 자기에게 이렇게 예배하는 자들을 찾으시느니라"(요 4:21-23). 바울은 이 자유의 외침을 듣고 모든 음식, 모든 날, 모든 장소, 모든 행동이 하나님께 받아들여질 수 있다고 선포했다. 이스라엘 백성이 배워야 했던 절기와 장소의 신성함이라는 등불은 영적 예배라는 밝은 태양 앞에서 사라졌다.

예배의 본질적인 영성은 1세기 교회의 소유이자 생명으로 남아 있었다. 그러나 세월이 흐르면서 타락한 인간의 본성에서 나온 율법주의가 오래된 분리의 습관을 들여오기 시작했다. 교회는 다시 날과 계절과 절기를 지키게 되었다. 어떤 장소를 특별한 의미에서 거룩한 곳으로 구별했다. 이날과 저 날을, 공간이나 사람을 구별했다. 성례는 점차 늘어나다가 결국 로마 가톨릭교회의 승리와 함께 일곱 개로 정해졌다.

나는 잘못 인도된 그리스도인에게 해를 끼치려는 의도가 추호도 없다. 다만 순전히 사랑하는 마음에서 지적하려는 것은, 오늘날 로마 가톨릭교회가 신성–세속의 이론을 대표하고 있다는 점이다. 그것을 가르치는 지도자들은 여러 각주와 설명으로 이 함정을 피하려고 시도하지만, 실제 생활에서 드러나는 종교와 일상의 완전한 분리는 자명한 사실이다.

종교 개혁자들과 청교도들이 이 멍에로부터 우리를 자유롭게 하려고 수고했지만, 오늘날 보수적 계통은 다시 그 멍에를 지게 하려는 경향을 보인다. 불붙은 건물에서 구출된 말은 때때로 이상한 고집을 피워 자기를 구해 준 사람에게서 고삐를 끊고 다시 그 건물로 뛰어 들어가 죽는다고 한다. 이와 같이 정통파 기독교는 영적 노예 상태로 되돌아가고 있다.

날과 절기를 지키는 일이 우리 가운데서 더욱 두드러지고 있다. '사순절'(Lent), '성 주간'(Holy Week), '성 금요일'(Good Friday)은 복음적 그리스도인의 입에 자주 오르내린다. 이는 자신이 멍에로부터 자유롭게 되었음을 망각한 결과다.

이제 나는 몇 가지를 지적하려 한다. 첫째, 지금까지 말한 내용은 우리가 하는 모든 행동이 동일한 중요성을 갖는다는 뜻이 아니다. 훌륭한 사람의 어떤 행동은 다른 행동과 비교했을 때 그 중요성이 크게 다를 수 있다. 바울의 천막 깁는 일은 로마인들에게 서신을 쓰는 일과 동등하게 중요하지 않았지만, 둘 다 하나님에 의해 인정되었으며 둘 다 진정한 예배의 행위였다. 확실히 한 영혼을 그리스도께 인도하는 것은 정원에 나무를 심는 일보다 중요하다. 그러나 정원에 나무를 심는 것도 영혼을 구하는 것만큼 신성한 행위가 될 수 있다.

둘째, 모든 사람이 똑같이 유용하다는 의미도 아니다. 그리스도의 몸 안에서 각 지체가 가진 은사는 서로 다르다. 예를 들어 교회와 세상에 유익을 끼친 면에서 빌리 브레이(Bily Bray)를 루터나 웨슬리와 비교해서는 안 된다. 그러나 작은 은사를 가진 자의 봉사는 더 큰 은사를 가진 자의 봉사만큼 순수하며, 하나님은 둘 다 기쁨으로 받으신다.

'평신도'는 자신의 소박한 임무를 목사의 과업보다 열등하다고 생각해서는 안 된다. 부르심을 받은 곳에 거한다면 그곳에서의 일은 목사의 일만큼 성스러운 것이다. 어떤 사람의 일이 신성하냐 세속적이냐를 결정하는 기준은, 그가 하는 일의 내용이 아니라 그가 그 일을 하는 이유에 있다. 동기가 신성과 세속을 좌우한다는 말이다.

주 하나님을 거룩히 여기는 사람이 하는 모든 것은 하찮은 일이 될 수 없고, 예수 그리스도를 통해 하나님이 기뻐 받으시는 선한 일이 된다. 그 사람에게는 온 세상이 성소가 된다. 그의 생애는 제사장의 삶이 된다. 그는 결코 하찮지 않은 자신의 과업을 수행할 때 "거룩하다 거룩하다 거룩하다 만군의 여호와여 그의 영광이 온 땅에 충만하도다"(사 6:3)라고 말하는 스랍들의 음성을 들을 것이다.

PRAY

주여, 당신을 온전히 의뢰하겠습니다.

저의 전부를 주님께 드리겠습니다.

주님 외에는 아무것에도 소유욕을 느끼지 않기 원합니다.

언제나 저를 뒤덮고 있는 주님의 임재를 의식하며

주님이 말씀하시는 음성을 듣기 원합니다.

안식을 누리는 순수한 마음으로 살기 원합니다.

성령으로 충만하여 저의 모든 생각이

주님께로 올라가는 향기로운 향이 되며

삶의 모든 행동이 예배가 되기를 원합니다.

말로 다할 수 없는 그 은혜의 선물로

제 마음의 의도를 정결케 하소서.

그리하면 주님을 온전히 사랑하여

주님께 합당한 찬양을 드릴 수 있을 것입니다.

이 모든 것을 주님의 아들 예수 그리스도의 공로로서

저에게 허락하여 주실 것을 확실히 믿습니다.

예수님의 이름으로 기도합니다. 아멘.

사명선언문

너희가 흠이 없고 순전하여……세상에서 그들 가운데 빛들로
나타내며 생명의 말씀을 밝혀 _ 빌 2:15-16

1. 생명을 담겠습니다
만드는 책에 주님 주신 생명을 담겠습니다.
그 책으로 복음을 선포하겠습니다.

2. 말씀을 밝히겠습니다
생명의 근본은 말씀입니다.
말씀을 밝혀 성도와 교회의 성장을 돕겠습니다.

3. 빛이 되겠습니다
시대와 영혼의 어두움을 밝혀 주님 앞으로 이끄는
빛이 되는 책을 만들겠습니다.

4. 순전히 행하겠습니다
책을 만들고 전하는 일과 경영하는 일에 부끄러움이 없는
정직함으로 행하겠습니다.

5. 끝까지 전파하겠습니다
모든 사람에게, 땅 끝까지, 주님 오시는 그날까지
복음을 전하는 사명을 다하겠습니다.

서점 안내

광화문점	서울시 종로구 새문안로 69 구세군회관 1층 02)737-2288 / 02)737-4623(F)
강남점	서울시 서초구 신반포로 177 반포쇼핑타운 3동 2층 02)595-1211 / 02)595-3549(F)
구로점	서울시 동작구 시흥대로 602, 3층 302호 02)858-8744 / 02)838-0653(F)
노원점	서울시 노원구 동일로 1366 삼봉빌딩 지하 1층 02)938-7979 / 02)3391-6169(F)
일산점	경기도 고양시 일산서구 중앙로 1391 레이크타운 지하 1층 031)916-8787 / 031)916-8788(F)
의정부점	경기도 의정부시 청사로47번길 12 성산타워 3층 031)845-0600 / 031)852-6930(F)
인터넷서점	www.lifebook.co.kr